ARKANA

Buch

Rolph Gaïl entführt den Leser auf eine Reise durch die strahlenden Welten des Lichts. Er geleitet ihn dem mystischen Lichterglanz entgegen, macht ihn vertraut mit den geistigen Wesen aus geflügeltem Licht und weckt seine Sehnsucht nach dem Licht jenseits materieller Grenzen. Vom Feuerzauber der Schamanen über die Sonnenlenker des Taos bis zur Kerzenmagie der Kirche weiht er den Leser in alle Lichtgeheimnisse ein. Er zeigt, dass es keine spirituellen Bemühungen gibt ohne das Licht. Alles ist Licht: Stärke, Liebe und Weisheit. Um in das Licht des Weltgeists einzutauchen, muss der Mensch die eigene Seele entdecken. Gaïl leitet uns an, unsere Lichtnatur zu aktivieren und im eigenen Leben den Widerschein unseres inneren Lichts zu erkennen.

Autor

Rolph Gaïl, Jahrgang 1925, wuchs in München auf. Ab 1946 publizierte er Kurzgeschichten, schrieb Texte für Fernsehfilme und war als Journalist tätig. Zahlreiche Reisen führten ihn in die Vereinigten Staaten. Er beschäftigte sich mit Schamanentum, kabbalistischer Magie und den tönenden Reichen. Seit 1992 lebt er mit seiner Frau in Umbrien, wo er komponiert, kabbalistisch arbeitet und die Welten des Lichts erforscht. Zu seinen wichtigsten Buchveröffentlichungen gehören »Magische Kabbala« und »Himmelsmusiken«.

ROLPH GAÏL

In den Welten des Lichts

Über Lichtwesen
und das Wesen des Lichts

ARKANA
GOLDMANN

Umwelthinweis:
Alle bedruckten Materialien dieses Taschenbuches
sind chlorfrei und umweltschonend.
Das Papier enthält Recycling-Anteile.

Originalausgabe April 2001
© 2001 Wilhelm Goldmann Verlag, München
in der Verlagsgruppe Bertelsmann GmbH
Umschlaggestaltung: Design Team München
Umschlagfoto: Wolf Huber
Redaktion: Irina Mamula
Satz: Uhl + Massopust, Aalen
Druck: Elsnerdruck, Berlin
Verlagsnummer: 21576
WL · Herstellung: WM
Made in Germany
ISBN 3-442-21576-5
www.goldmann-verlag-de

1. Auflage

*Gewidmet meiner Frau
und allen Wesen,
die beim Entstehen dieses Buchs
um mich waren*

Der Vertraute des Lichts
sieht die Landschaften des Lebens
aus der Vogelschau.

Paul Brunton

Eines Tages
wird das Licht
Euch nicht mehr verlassen.

Omraam Mikhaël Aïvanhov

Inhalt

Vorwort

Während Sie hier dabei sind, liebe Freundin und lieber Freund, sich in ein Buch hineingleiten zu lassen, durch das Ihnen die inneren und äußeren und höheren Welten des Lichts heller leuchten sollen, bekommt Ihr eigenes, unsichtbares Licht womöglich die ersten Strahlen eines neuen Scheins.

Und hiermit »erscheinen« bereits Sinn, Inhalt, Praxis und Ziel dieses Buches, das Sie in die Reiche des Lichts tragen wird, die uns vom Weltgeist als wahre Heimat zugedacht sind. Wir alle leben im eigenen Licht und im Sphärenglanz von Sonne, Mond und Sternen und von den Planetensystemen uns unvorstellbarer Fernen. Auch ihnen werden wir uns, nicht zuletzt in der Folge unserer systematischen spirituellen Arbeiten und Übungen, immer stärker nähern.

Dabei sind uns, wie wir gleich zugeben müssen, die so genannten exakten Wissenschaften keine große Hilfe. Sie wollen uns die Möglichkeit geben, die Wirklichkeit zu vermessen. Was die Wirklichkeit selbst ist, verraten sie dadurch nicht. So können sie uns trotz aller sich überschlagender und zum Teil unheimlicher Entdeckungen nicht sagen, was das Licht, in dem unser geistiges Ich ja schwebt, für uns bedeutet und wie man dahin gelangt. Das heißt, mit wissenschaftlichen Methoden werden wir unsere Lichtnatur nie erkennen, die so alt ist wie die Erschaffung der Welt. Es gibt zwar eine moderne Naturwissenschaft, aber keine moderne Natur.

Hier wollen wir gemeinsam ansetzen: Folgen Sie mir auf dem Netz der immer heller werdenden Straßen in das Licht in Ihnen und über Ihnen, in dem der Sinn Ihres Seins wohnt. Dies ist zwar – auch wenn es oft nicht wörtlich ausgesprochen wird – das Ziel fast aller Religionen und ernsthaften esoterischen Systeme. Leider geben zu wenige von ihnen konkrete und verständliche Anweisungen, wie man dorthin gelangt.

Um im Licht des Weltgeistes leben und sein zu können, muss man in die eigene Seele wandern. »Der Sucher nach Vollkommenheit muss in seinem eigenen Leben den Widerschein des inneren Lichtes entdecken«, schreibt der Japaner Kakuzu Okakura (1862–1913) in seinem kleinen *Buch vom Tee*, das viele Jahre ein Kultbuch nicht nur der Teeästheten war. Und bei Johann Wolfgang von Goethe (1749–1832) lesen wir: »Ich glaube, dass wir einen Funken jenes ewigen Lichts in uns tragen, das im Grunde des Seins leuchten muss und das unsere schwachen Sinne nur von ferne ahnen können. Diesen Funken in uns zur Flamme werden zu lassen und das Göttliche in uns zu verwirklichen, ist unsere höchste Pflicht.«

Aber muss man das tatsächlich? Warum sollen Frauen und Männer, die sich solide eingerichtet haben im Erdenleben, plötzlich ihre behaglich möblierten Wohnungen verlassen, um auf unsicheren Wegen loszuziehen und etwas scheinbar so Imaginäres zu suchen wie das innere, wie das transzendente Licht?

Vor ähnliche Fragen sahen sich all diejenigen gestellt, die plötzlich oder nach langem Abwarten den Entschluss fassten, ein spirituelles Leben zu führen: Es war ihnen klar geworden, dass das wahre Stück ihres Seins nicht vor, sondern hinter den Kulissen gespielt wird. Manche Glückliche gleiten einfach in dieses neue Leben hinein. Andere müssen über Nacht erkennen, dass sie an einem Kreuzweg stehen. Dann ist es für sie so, wie es der Graf D. in dem Korfu-Buch von Lawrence Durrell (1912–1990) beschreibt: »Eines Tags erwachst du plötzlich und weißt, dass 95 Prozent aller Taten der Menschheit – zu der du doch auch zu gehören glaubst – für dich gänzlich bedeutungslos sind. Was soll aus dir werden?«

Sicher ist es vielen Menschen so ergangen wie mir. In meiner Jugend habe ich fast alles mit Liebe, das heißt mit Licht und im Licht, betrachtet: die Dinge, die Freundinnen und Freunde, die Begebenheiten, die Entdeckungen und Abenteuer des Lebens, die damals für mich fast alle noch die Ersten ihrer Art waren. Die kleinen Unbekümmertheiten halfen mir schweben. Erst später, als der Alltag, das heißt das äußere Leben, Ernst machte, hat sich diese Sichtweise zum Teil verloren. Es war, als zöge langsam ein Schleier über das anfangs so strahlende Licht.

Mit Heiterkeit und Gelassenheit und den Künsten ließ sich dieser schleichende Verlust des Lichts noch halbwegs ausgleichen. Doch schließlich erging es mir wie Lawrence Durrells Graf D. Das änderte sich erst, als ich mich bewusst mit den Kräften der unsichtbaren Welten zu beschäftigen begann. Dass hinter den Zeilen der wahren Dichter und hinter den Musiken der großen Komponisten noch etwas anderes stecken musste, hatte ich schon lange geahnt. Aber erst meine kabbalistischen Studien und meine Beschäftigung mit den geistigen Essenzen der Musik brachten mir das Licht zurück.

Und eines Tages, oder besser eines Nachts, wurde mir die Erkenntnis zugetragen, dass das Licht, von dem so viele reden und träumen, wirklich existiert. Und dass man sich ihm auch auf direktem Weg nähern kann, der allerdings aus vielen Pfaden besteht.

Wieder tauchte ich in jahrelangen Studien unter. Ich las, was Weise, Heilige und auch schlichte Lichtsucherinnen und Lichtsucher in den vergangenen Jahrtausenden erkannt und erlebt hatten, wie sie auf der Suche nach dem Licht vorgegangen waren oder wie das Licht sie einfach überwältigt hatte. Ich lauschte auf das Geflüster von Intuitionen, ersann und erspürte Übungen, Methoden, spirituelle Arbeitsweisen mit dem Licht und seinen Mitteln, bis ich wusste: So geht es.

Die Abenteuer, über die ich dabei las oder die ich selbst erlebte, und die Resultate meiner Lichtexperimente und Lichtarbeiten und Studien finden Sie, liebe Freundin und lieber Freund, in diesem Buch. Für die Arbeit mit dem Licht benötigen Sie kein aufwändiges Instrumentarium. Das einzige, allerdings äußerst sensible und vollkommen eingerichtete Labor für die Arbeit mit dem Licht sind Sie selbst.

Dreihunderttausend Kilometer schnell ist das Licht in einer Sekunde. So braucht das Licht der Sonne nur acht Minuten, um zu uns zu gelangen. Aber in den geistigen Räumen gibt es unvergleichlich schnellere Vehikel: die Gedanken, die gehobenen Emotionen und Intuitionen, den Geist, die Wirkung des magischen Klangs und des magischen Worts. Mit ihnen erreichen wir augenblicklich die entferntesten Winkel und Welten des Universums. Am allerschnellsten aber ist das empfundene, das ausgesandte, das »gedachte« Licht.

Es gibt ein Licht, das unversehens in der Nähe aufleuchtet, ohne dass man es sieht. Der Mensch registriert es im Alltag als ein glückliches, häufig scheinbar grundlos beseligendes Gefühl: Ein Engel ist vorübergegangen. Dabei gibt es verschiedene Arten des Lichts. Etwa das heitere Licht, das durchdringende Licht, das schützende Licht, das Licht der Wahrheit. Alles ist Licht: Liebe, Stärke, Weisheit – Qualitäten, in denen jede gute Eigenschaft eingeschlossen ist. Wer die Schlüssel zum Licht hat, besitzt den »Universalöffner« zu allen hellen Räumen. Der grenzenlose Ozean des geistigen Weltalls – ein Lichtermeer – wird sein Zuhause.

Der fernöstliche Weise strebt danach, im unendlichen Licht aufzugehen. Der westliche Weise bemüht sich, mit dem Licht in Harmonie zu kommen. Nach einem unvorstellbar langen Zyklus wird Gott zwar auch unsere Welt, die er geschaffen hat, wieder einatmen, und sie wird verschwinden. Aber unser höheres Selbst und unser göttlicher Funke, die mit dieser Welt nichts Materielles gemein haben, werden bleiben. Und sie werden leuchten als Herrscher in ihrem eigenen inneren Reich, in dem das Licht nicht untergeht.

Dem, liebe Freundin und lieber Freund, wollen wir nun zuarbeiten.

KAPITEL EINS

Aufbruch zu den Quellen des Lichts,
die im Herzen sprudeln

Die Bäche aus Licht

Ich erinnere mich noch an die Nacht in der Toskana, damals vor vielen Jahren, in der es begann.

Nach sonnigen Frühlingstagen war der Regen zurückgekehrt. Ein kalter Ostwind jagte ihn quer über die Weinberge. Als ich vor dem Schlafengehen noch einmal vor das Haus trat, hatte sich der Wind gelegt. Der Himmel war bedeckt und schwarz.

Mitten in der Nacht wachte ich mit der Gewissheit eines außergewöhnlichen Zustandes auf. Ich wandte meinen Kopf zum Fenster und sah, dass sich die dicken weißen Leinenvorhänge in fast transparenten und fluoreszierenden Alabaster verwandelt hatten. Lichtbäche, die weiß Gott wo entspringen mochten, flossen langsam und unaufhörlich von oben nach unten. Zugleich rieselte ein fast süßes Vibrieren meinen Körper hoch und drang ein in Beine, Rumpf, Arme, Hände, Kopf. Mein Atem ging schneller, wie irgendwo in der Höhe, in dünner Luft.

Leider war ich zu überrascht, um verhindern zu können, dass meine Gedankenmaschinerie ansprang. Das Fenster, wusste ich, ging auf die Weinberge hinaus. Da war weit und breit keine Straße, auf der ein Wagen mit Scheinwerferlicht fahren konnte, auch nicht in weiter Ferne. Niemand würde so spät noch zwischen den Weinstöcken unterwegs sein, in dieser Regennacht. Und keine Laterne hätte auf die Vorhänge ein Leuchten gezaubert wie dieses.

Dummerweise – anders kann ich es nicht nennen – kam nun eine fast an Angst grenzende Unruhe in mir auf. Zugleich wusste ich, dass mir hier das Schauspiel eines Geheimnisses geboten wurde, dessen Sinn für mich noch im Verborgenen lag. Gern hätte ich meine Frau gerufen, um sie zu fragen, ob auch sie dieses Licht sähe. Aber ich wusste, dass der leuchtende, fließende Alabaster damit sofort verschwunden wäre. So richtete ich mich auf, stieg behutsam aus dem Bett und trat ans Fenster. Auch das hätte ich besser unterlassen sollen. Als ich gerade vor den leuchtenden Vorhängen stand, wurden diese unsichtbar und fielen zurück ins Dunkel.

Ich schob die Vorhänge beiseite und sah hinaus. Da war nichts als Schwärze. Langsam tastete ich mich ins Bett zurück, legte mich auf den Rücken, trennte mich von meinen Emotionen und Gedanken und wartete noch lange. Aber nichts kam mehr.

Erst ein Jahr später wurde mir dieses Licht noch einmal gezeigt. Diesmal geschah es in unserer Münchner Stadtwohnung, aber nur der äußere Schauplatz hatte gewechselt. Sonst war alles wie beim ersten Mal in der Toskana: Wieder erwachte ich nachts und wusste sofort, dass nichts war wie sonst. Wieder glitten fast überirdische Lichtbäche die hellen Vorhänge abwärts. Wieder durchrieselte mich ein süßes Vibrieren. Wieder ging mein Atem schnell wie in großer Höhe. Und wieder »erloschen« die Vorhänge, als ich ans Fenster trat, das nicht auf die erleuchtete Straße geht. Als ich die Vorhänge beiseite schob, war draußen dunkle Nacht.

Aber diesmal hatte ich die Botschaft verstanden. Zwar gibt es keine ernsthaften spirituellen Bemühungen ohne das Licht. Aber vielleicht hatte doch bei meinen magisch-kabbalistischen Versuchen und den Vorstößen in die feinstofflichen Ebenen der Musik das Licht nicht immer den ihm gebührenden Stellenwert bekommen. Nun war ich deutlich darauf hingewiesen worden. Zugleich erfuhr ich, dass durch die geistigen Bemühungen auf anderen Gebieten etwas in Gang gekommen war und die Grenzen zwischen dem äußeren und dem inneren und dem höheren Licht durchlässig wurden.

Unsere Lichtübungen beginnen

Häufig verschwimmen die Grenzen zwischen dem physikalisch erkennbaren oder messbaren Licht, dessen Strahlen eine ganz bestimmte Geschwindigkeit haben, und dem, was man spirituell und auch symbolisch als Licht bezeichnet. Für den normalen Wissenschaftler besteht über Art, Wirken und Stufen des Lichts wenig Zweifel. Für den spirituellen Menschen kann Licht vielerlei bedeuten:

– Den Beginn einer neuen Schöpfung, zusammen mit dem göttlichen Wort.

– Das Licht der Sonne als Trägerin des göttlichen Lichts, hinter der zahllose andere Sonnen leuchten, hinter denen wiederum die geistigen Sonnen strahlen, die mit Messungen herkömmlicher Art, selbst wenn man sie erreichte, nicht zu erfassen wären.

– Das innere Licht.

– Das unsichtbare Licht, das als geheimnisvolles Agens über einem Menschen, über einer Familie, einer Stadt, einem Land, einem Volk, der ganzen Erde leuchtet. Im Einzelmenschen wie in der Weltgeschichte wird es nach dem hermetischen Gesetz des Pendelschwungs von dunklen Epochen, manchmal Jahrhunderten, abgelöst, aus denen die Menschen mit neuen guten Taten, neuem Glauben, neuen Erkenntnissen wieder ins Licht zurückkehren.

Im griechischen Altertum glaubten Philosophen, dass die Ideen ein Licht ausstrahlen. Wer jene Ideen in ihrem ganzen Wesen erkennt, ist ein – von diesem Licht – Erleuchteter. Mit Ideen meinte man hier natürlich nicht mehr oder minder lockere Einfälle oder auch Einblicke in einige wenige Zusammenhänge. Seit Plato (427–347 v. Chr.) sind Ideen die geistigen Wesenheiten der Dinge, nicht ihre äußere Erscheinungsform, auch nicht ihre intellektuelle Oberfläche, sondern das Wesentliche, wir würden sagen die vom Weltgeist gewollte Essenz.

Was das Licht für unsere ganze Existenz bedeutet, spüren wir an jedem Morgen, wenn wir den doch stets unheimlichen Ozean der Dunkelheit und der Nacht wieder einmal durchquert haben. Wenn wir des Morgens aufwachen, meint der Anthroposoph Rudolf Steiner (1861–1925) in dem Buch *Das Wesen der Farben*, und vom Licht durchstrahlt und überstrahlt werden, dann fühlen wir uns in unserem eigentlichen Wesen. Wir spüren eine enge Verwandtschaft des Lichts mit unserem wirklichen Sein: »Wir leben, indem wir denkende Menschen sind, im Licht. Das äußere Licht sieht man mit physischen Sinnen; das Licht, das zum Gedanken wird, sieht man nicht, weil man darinnen lebt, weil man es selber ist als Gedankenmensch. Man kann dasjenige nicht sehen, was man zunächst selber ist.«

Und Steiner schließt gleich, fast unauffällig, eine praktische Übung an, die schon in ein schwieriges Kapitel der Vorstellungskraft gehört. Das soll uns nicht hindern, sie voll Optimismus immer und immer wieder zu probieren, vielleicht im Rahmen unserer täglichen Meditation, und sie später, wenn wir weiter vorangeschritten sind auf den Wegen des Lichts, wieder aufzunehmen: »Wenn man heraustritt aus diesen Gedanken, wenn man in die Imagination, die Inspiration eintritt, dann stellt man sich ihm (dem eigenen inneren Gedankenlicht) gegenüber, und dann sieht man das Gedankenelement als Licht.«

Das ist tatsächlich leichter gesagt und geschrieben als praktiziert. Vielen wird es womöglich kaum gelingen, sich vorzustellen, dass sie ihrem eigenen Gedankenlicht gegenüberstehen. Dazu bedarf es bestimmter Anlagen, deren Vorhandensein oder Fehlen nichts über die Fähigkeiten der geistigen Freundin und des Freundes aussagen, auf dem Weg des Lichts voranzuschreiten. Um keinen Pessimismus aufkommen zu lassen, füge ich hier gleich eine wunderbare Lichtübung an, die jeder und jedem sofort gelingen kann. Ihre wahre und sich steigernde Wirkung wird sie entfalten, wenn man sie täglich, am besten jeden Morgen in ein paar Minuten der Ruhe macht.

Wir stellen uns vor, dass wir helles Licht einatmen, bei jedem Atemzug, jene Mischung aus Leuchten und stärkender

Beseligung. Bei jedem Einatmen merken wir, wie dieses Licht unseren Körper durchpulst, unser Fleisch und Blut, seine Knochen, Organe und Zellen. Und zugleich durchdringt es unsere Gefühle, Gedanken, unsere ganze Seele, die wie ein immer heller leuchtender Stern in ein strahlendes Schweben aufsteigt, bis auch unsere Gefühle und Gedanken verlöschen und wir nur noch Licht sind, nur noch Licht.

Später, wenn wir diese Übung ganz beherrschen, können wir dieses Licht bei jedem Zug wieder ausatmen und unsere Freunde, unsere Umgebung, ja die Erde darin einhüllen.

Wir sollten uns auch mehrmals täglich auf die Vorstellung des Lichts an sich, das hinter allem leuchtet, konzentrieren. In diesem Licht kann man ruhen, schwimmen, schweben, und wir können spüren, wie es uns durchdringt.

Menschen, die von innen leuchten

Über die Auswirkungen des Lichts sagte der 1986 bei Fréjus in Südfrankreich gestorbene Meister der Universellen Weißen Bruderschaft, Maître Mikhaël Aïvanhov:

Wenn ihr meditiert oder in einem sehr spirituellen Zustand seid, könnt ihr manchmal spüren, dass alles in euch leuchtend wird, wie wenn eine Sonne euer Inneres erleuchten würde, wie wenn Lampen angeschaltet worden wären, und ihr fühlt sogar, dass diese Sonne durch euer Gesicht durchscheint. Wenn ihr euch zu den höheren Zuständen der Güte erhebt, der Großzügigkeit, der Sanftheit, der Reinheit, entsteht in euch das Licht, ihr seht es, alles wird hell. Wenn ihr euch dagegen in Gefühle des Neids fallen lasst, des Egoismus, der Begierde, müsst ihr in keinen Spiegel schauen, um euch darüber klar zu sein. Ihr spürt physisch die Dunkelheit auf eurem Gesicht.

Ein lichtvoller Mensch macht alles hell und gut, was in seinen Bereich eintritt. Da mögen die Mitmenschen oder widrigen Umstände aufführen, was sie wollen: Sobald das Negative mit ihm in Berührung kommt, wird es dadurch verändert. Wir alle sind solchen Frauen und Männern begegnet, und vielleicht schienen sie nicht einmal die Klügsten und die Gebildetsten zu sein. Denn Schönheit und Güte eines Menschen, das heißt sein inneres Licht, das nach außen strahlt, kommen oft mehr von dem, was er glaubt, als von dem, was er weiß.

Gerade eine gewisse Naivität ist ein guter Schutz gegen die so genannten sieben Todsünden Stolz, Geiz, Unkeuschheit, Neid, Zorn, Unmäßigkeit und Trägheit, von denen eigentlich ohnehin nur die dritte dem Menschen Vergnügen bereitet. Wahrscheinlich kommt das daher, dass sie als Einzige der sieben, in zulässiger Weise praktiziert, ihren Ursprung in der unverfälschten Menschennatur hat, die wiederum eingebettet ist in das uralte kosmische Spiel der Schöpfung.

Im Pendelschwung über die Dunkelheit

Das fünfte der Hermetischen Gesetze, in denen die Essenz westlicher Spiritualität kondensiert ist, ist das vom Pendelschwung: »Alles fließt hin und her, alles vor und zurück, alles ist Rhythmus. Der Pendelschlag nach rechts misst sich am Pendelschlag nach links, und der Ausschlag des Pendels nach links entspricht dem nach rechts.« Nach diesem Prinzip gibt es keine Aktion ohne Reaktion und natürlich keine Reaktion ohne Aktion. Das sechste Hermetische Gesetz von Ursache und Wirkung spielt da kräftig mit herein. Das Universum und die Menschen, Tiere, Pflanzen, Minerale und auch die Energien und der Geist sind dem fünften Hermetischen Gesetz unterworfen.

Sehr oft geht bei diesem Pendelschwung der Freude der Schmerz voraus, dem Positiven ganz allgemein das Negative. Und hier sind wir schon wieder beim Licht.

Denn wenn dem so ist, müsste also auch dem Licht die Dunkelheit vorausgehen und nicht ursprünglich die Dunkelheit auf das Licht folgen wie – so sehen wir das wenigstens – die Nacht dem Tag. So ist es tatsächlich: In den meisten Schöpfungsgeschichten der Erde entsteht die helle Welt aus dem Dunkel des Chaos. Es heißt »Gott sprach, es werde Licht!«, und nicht umgekehrt.

Man kann, wie dieses fünfte Hermetische Gesetz lehrt, den Rückschwung des Pendels ins Negative auflösen, verneinen. Das macht man, indem man auf der oberen, positiven Position des Pendels verharrt und das Pendel auf der zweiten, tieferen und emotionalen Ebene zurückschwingen lässt. So kann man auch bewegungslos im Licht verharren, während man das Pendel auf der unteren Bahn, »die einen nichts angeht«, ins negative Dunkel schwingen lässt. Das Ganze klingt zugegebenermaßen nicht gerade einfach, und das trifft auch zu.

Alle Visionen von einer Menschheit, die in einem einzigen Reich des Lichts lebt, das von der Erde und der eigenen Seele bis in die Himmel reicht, sind bisher unerfüllte Zukunftshoffnungen geblieben. Wir haben zwar von so genannten Goldenen Zeitaltern gehört und gelesen. Aber wenn wir sie näher ausmachen wollen, verschwinden sie hinter den vielen diffusen Schleiern der Legenden und Mythologien. »Wie lange wartet der Mensch schon auf diese verheißene Befreiung, auf eine neue Welt, auf das Reich Gottes?«, klagt Johannes Zeisel in seinem Buch *Entschleierte Mystik*. »Alle ersehnten Paradiese und Weltzeitalter sind bisher ausgeblieben, und keiner der Erlöser konnte ein Reich des Friedens errichten, geschweige denn ihre Apostel und Missionare.«

Die Klage ist – wer möchte es bezweifeln – berechtigt, und das hat einen einfachen Grund. Der Himmel auf Erden kann den Menschen von Erlösern, Propheten oder Meistern nicht übergestülpt werden wie eine strahlende Zauberkappe. Diese Männer – warum sind es auch fast immer *Männer*? – mögen uns zwar Anweisungen und Einsichten geben. Aber solange nicht der einzelne Mensch so beschaffen ist, dass an ihm als Zelle eines Lichtkörpers der ganzen Menschheit nichts mehr auszusetzen wäre, predigen die Prediger vergebens. Die Verkünder der absoluten Unfreiheit des Willens mögen es sich hinter die ins All lauschenden Ohren schreiben: Ehe nicht die oder der Einzelne mit starkem Willen dahin gekommen ist, in sich das Licht zu entzünden, wird ein großer Teil der Menschheit im Dunkeln bleiben. »Es ist sinnlos«, sagt der griechische Philosoph Epikur (341–270 v. Chr.), »von den Göttern zu fordern, was man selber zu leisten vermag.«

Das sind Wahrheiten, welche wir alle eigentlich kennen, auch wenn wir manchmal kneifen wollen. Und so ist es vielleicht besser, dass wir nicht versuchen, uns immer wieder seitwärts in die Büsche zu schlagen, sondern direkt auf das zugehen, was Sinn und Ziel dieses Buches sein soll. Je mehr es uns gelingt, das Licht in uns zu entzünden, und wir uns damit zwangsläufig *dem* Licht nähern, das uns aus unsagbaren Höhen erreichen kann, umso schöner und heiterer und lichter wird auch unser ganz »normales«, unser Alltagsleben sein. Denn es öffnet uns dann immer weitere und größere Dimensionen, weil wir uns dann in ihm bewegen und zugleich über ihm fliegen. »Der Vertraute des Lichts«, sagt der von mir so verehrte Paul Brunton (1898–1981), »sieht die Landschaften des Lebens aus der Vogelschau.«

Dem mystischen Lichterglanz entgegen

Wie das Erwachen zum Licht stets von den gleichen Erscheinungen begleitet wird, haben Mystiker in West und Ost geschildert. In seinem Buch *Meister Eckeharts Weg zum kosmischen Bewusstsein* beschreibt K. O. Schmidt (1904–1977), wie dieses Licht erscheint und erlebt wird:

1) Das Aufflammen des inneren Lichts, das Selbsterwachen und zugleich Wachwerden für die innere Lichtwelt, das als ein von den Flammen, dem Feuer, dem Überlicht der Gottheit Erfasst- und Durchglutetwerden beschrieben wird.

2) Das Durchstrahltwerden der tieferen Bewusstseinsschichten und deren unmittelbares Aktivwerden, das praktisch als Erleuchtung erfahren wird, als überwältigende Hellschau und Durchschau des Lebens, als intuitives Erkennen aller Geheimnisse des Daseins und Seins, als ein Wachwerden für die unabsehbare Mannigfaltigkeit der geistigen Welten.

3) Das oft geradezu ekstatische Durchpulst- und dynamische Erfülltwerden von einer unbeschreiblichen Seligkeit und Freude, die aus der Erkenntnis der Unvergänglichkeit des geistigen Wesenskerns des Menschen und aus der gleichzeitigen Gott-Gegenwarts-Gewissheit entspringen.

4) Die völlige Erneuerung des Wesens des vom inneren Licht Erfüllten: Er lebt von diesem Augenblick an aus dem Geiste kosmischer Bewusstheit und wirkt durch sein Dasein wie durch seine Worte und Taten auch auf seine Umwelt umwandelnd ein.

Das sind geistige Erlebnisse von Auserwählten, seien sie es durch Anlage, Karma oder die hohe Art ihres Lebens. Aber nichts soll uns hindern, auf diesen mystischen Lichterglanz zuzugehen, so weit wir eben kommen. Mit ein wenig Dankbarkeit wird der Gewinn immer auf unserer Seite sein. Dabei können wir durchaus auch wunderbare Überraschungen erleben. Wie hell unser Licht leuchten wird, wissen wir erst, wenn wir versucht haben, es zu entzünden und zu erkennen.

Denn da soll man sich nicht aus Trägheit täuschen: Wir sind durchaus auch auf der Erde, um nach den Welträtseln zu forschen, deren Lösungen nicht im Internet zu haben sind. Der römische Philosoph Seneca (4 v. Chr.–65 n. Chr.), Erzieher des späteren Schreckenskaisers Nero, der ihn schließlich zwang, sich selbst zu töten, sagte in einem Brief an seinen Freund Lucilius etwas, das heute noch gilt:

Ich soll nicht fragen, was der Anfang des Weltalls, wer der Bildner der Dinge sei, wer alles in eine einzige träge Masse Verschmolzene und Zusammengehäufte gesondert habe? Ich soll nicht fragen, wer der kunstreiche Werkmeister dieser Welt sei, auf welche Weise dies so ungeheure Ganze zu Gesetz und Ordnung kam, wer das Zerstreute gesammelt, das Vermischte gesondert, dem in *einer* ungestalteten Masse Verborgenen unterscheidende Formen verliehen hat; woher dieser Strom von Licht sich ergießt? Ob es Feuer oder noch etwas Helleres als Feuer ist?

Es ist etwas viel Helleres als Feuer. Auf der Suche nach ihm werden wir nun gleich in den Strahlenglanz seines stärksten Symbols treten, das wir auf der Erde kennen: der Sonne.

KAPITEL ZWEI

Im Licht der Sonne:
Ein Feuerauge des Weltgeists
und seine Wirkungen

Das Wunder des Sonnenaufgangs

Dass Sonnenaufgänge mehr Wunder sichtbar machen können als den Anblick eines am Horizont aufziehenden Feuerballs, erlebte der Schweizer Psychotherapeut und wohl auch Eingeweihte C. G. Jung (1875–1961) im Jahr 1925 auf seiner Afrikareise in Uganda, das damals noch ein Paradies zu sein schien. In dem Buch *Erinnerungen, Träume, Gedanken*, aufgezeichnet von seiner Sekretärin und Mitarbeiterin Aniela Jaffé kurz vor seinem Tod, erzählt er von diesem Erlebnis:

Der Sonnenaufgang in diesen Breiten war ein Ereignis, das mich jeden Tag aufs Neue überwältigte. Es war weniger das an sich großartige Heraufschießen der ersten Strahlen als das, was nachher geschah. Unmittelbar nach Sonnenaufgang pflegte ich mich auf meinen Feldstuhl unter eine Schirmakazie zu setzen. Vor mir in der Tiefe des kleinen Tals lag ein dunkler, fast schwarz-grüner Urwaldstreifen, darüber ragte der jenseitige Plateaurand. Zunächst herrschten scharfe Kontraste zwischen Hell und Dunkel; dann trat alles plastisch in das Licht, das mit einer geradezu kompakten Helligkeit das Tal ausfüllte. Der Horizont darüber strahlte weiß. Allmählich drang das steigende Licht sozusagen in die Körper ein, die wie von innen sich erhellten und schließlich durchsichtig wie farbige Gläser glänzten. Alles wurde zu flimmerndem Kristall. Der Ruf des Glockenvogels umläutete den Horizont. In diesen Augenblicken befand ich mich wie in einem Tempel. Es war die allerheiligste Stunde des Tages. In der Nähe meines Platzes befand sich ein hoher Felsen, von großen Affen (Baboons, Pavianen) bewohnt. Jeden Morgen saßen sie ruhig, fast bewegungslos auf dem Grat an der Sonnenseite des Felsens, während sie sonst tagsüber den Wald mit Geschnatter und Gekreisch durchlärmten. Wie ich, schienen sie den Sonnenaufgang zu verehren. Sie erinnerten mich an die großen Paviane vom Tempel in Abu Simbel in Ägypten, welche die Adorationsgeste (Anbetungsgeste) machen. Sie erzählen immer dieselbe Geschichte: Seit jeher haben wir den großen Gott verehrt, der die Welt erlöst, indem er als strahlendes Himmelslicht aus dem großen Dunkel taucht.

Damals verstand ich, dass in den Seelen von Uranfang her eine Sehnsucht nach Licht wohnt und ein unabdingbarer Drang, aus ihrer uranfänglichen Dunkelheit herauszukommen. Wenn die große Nacht kommt, erhält alles den Unterton einer tiefen Melancholie und eines unaussprechlichen Heimwehs nach Licht ... Daher ist das überwältigende Erlebnis der Neger die Sonnengeburt am Morgen. Der Augenblick, in dem es Licht wird, das ist Gott. Es ist ein Urerlebnis des Momentes, und es ist bereits verloren und vergessen, wenn man meint, die Sonne *sei* Gott.

Die Sonne – Brennglas des Weltgeists

Das Licht der Sonne, das wir mit unseren Augen sehen, ist nur äußerlicher Art. Hinter ihm wirken andere, subtile, geistig schöpferische Arten eines spirituellen Lichts. Mit ihm in Verbindung zu treten, es zu spüren, wahrzunehmen, es vielleicht sogar zu sehen, führt uns in die wahren Reiche des Lichts zwischen, über und hinter den Welten.

Wie die Strahlen der uns sichtbaren Sonne erst in ihrem Leuchten erkennbar werden, wenn sie ein Objekt, Materie treffen – die Erde, den Mond, eine Raumsonde, einen Menschen, eine Blume, Sternenstaub –, so werden die Strahlen der geistigen Sonne wahrnehmbar, wenn sie auf eine andere, natürlich meist viel kleinere geistige Erscheinung treffen. Diese muss immerhin so erhaben sein, dass sie von den Kräften der geistigen Sonne als verwandt anerkannt wird.

So ist die Sonne ein Brennglas des Lichts des Weltgeistes, wohl eins von vielen, ja unzähligen. Aber eben das unsere.

Für viele Weise der alten Zeiten war das Sonnenlicht die belebende Kraft des Kosmos schlechthin. Strahlenförmig von einem Zentrum ausgehend, verbreitet es sich unaufhörlich in alle Richtungen durch das All. In der Astrologie ist das Symbol der Sonne der Kreis mit dem Punkt, der Nabe in der Mitte. Bei den Ägyptern der vorchristlichen Jahrtausende war das Zeichen der Sonne ein geflügeltes Rad, das Sonnenrad, das über den Himmel rollt. Auch glaubten sie wie viele andere, die Erde sei eine Scheibe. Ägypten, also ihrer Sicht nach die ganze bewohnbare Welt, war für sie von einem Ring unübersteigbarer Berge umgeben. Die Sonne, so meinten sie, gehe am Morgen von einem

Loch im Ostteil der Berge auf und verschwinde am Abend in einer anderen Öffnung im Westen des Gebirges.

Vom geflügelten Sonnenrad der Ägypter zum griechischen Sonnenwagen mit seinen weißen geflügelten Pferden, den der Sonnengott Helios vom Morgen in den Abend über das Firmament kutschiert, ist es nicht weit. Sonnengötter gab es seit jeher, und sie sind bei den primitiven Völkern wie in den Hochkulturen zahlreicher vertreten als alle anderen Gottheiten. Höchstens die Göttinnen und Götter der Unterwelt und Finsternis tun es ihnen an der Zahl gleich, was einem schon zu denken geben könnte.

Die Vertreterinnen des Pflanzenreichs, die besondere, geheimnisvolle und zärtliche Verbindungen zur Sonne unterhalten, sind natürlich die Blumen. Geöffnete Blüten wurden im Altertum als Symbole der Sonne betrachtet. Bei den Assyrern waren Margerite und Kamille – mit gelbem Zentrum und strahlenförmigen hellen Blütenblättern – trotz ihrer Bescheidenheit Abbilder der Sonne und ihres Lichts; bei den Persern galten sie als Symbole der Sonne und damit des göttlichen Worts und seiner Verbreitung über die Erde.

Sogar heute noch in unserem nüchternen Zeitalter, wo Blumen vielfach nur noch ein Segment des großen Waren- und Konsumzyklus sind, haben sie als Präsente etwas Unaussprechliches bewahrt. Vielleicht nur für die Dauer eines Satzes und eines antwortenden Wimpernschlags verbindet durch sie ein unsichtbarer Strahl den Schenker und die Beschenkte. »In Freud und Leid sind Blumen unsere ständigen Freunde«, meinte Kakuzu Okakura in seinem *Buch vom Tee*. »Wir essen, trinken, tanzen und flirten mit ihnen. Wir heiraten und taufen mit Blumen. Wir wagen es nicht, ohne sie zu sterben.«

Natürlich hat die Sonne zahllose Abbilder und Symbole im Tierreich und dort – wie sollte es anders sein – vor allem bei den geflügelten Wesen. Der Adler, wegen seines scharfen Auges das Symbol des »Auges Gottes, das alles sieht«, gilt in den meisten Kulturen als Sonnenvogel schlechthin. Er ist auch Begleiter der größten Gottheiten (von Zeus bzw. Jupiter, dessen Blitze er in seinen Krallen hält, oder von Vishnu). Horus, der ägyptische Sonnengott, hat den Kopf eines Adlers.

Ein Adler, heißt es, flog aus der Spitze des pyramidenförmigen Scheiterhaufens, auf dem man im Jahr 44 v. Chr. den im römischen Senat ermordeten Cäsar verbrannte, empor zum Himmel, um die Seele des neuen Göttlichgewordenen hochzutragen, der Sonne entgegen, in die Wohnstätte der Götter.

Der heutige Feiertag des 25. Dezember hieß in Rom bis zum dritten nachchristlichen Jahrhundert *Dies natalis invicti solis* – »Geburtstag der unbesiegten Sonne«. Im Mithras-Kult, der im römischen Reich damals so viele Anhänger hatte wie die christliche Lehre, war er ein hoher Festtag. Die frühen Kirchenväter gaben ihm den christlichen Sinn des Weihnachtsfestes.

Die drei magischen Tageszeiten

Eingeweihte wie auch Frauen und Männer, die von einer Sehnsucht getrieben wurden, in hellere geistige Regionen zu gelangen, haben dies seit jeher mit Hilfe der Sonne zu erreichen versucht und tun es noch heute. Denn was wäre geeigneter, um an das Ziel ihrer Sehnsüchte zu kommen, als das stärkste Symbol des Lichts des Weltgeistes – auch wenn sie mit dem Verstand vielleicht nicht wissen, warum das so ist.

»Man kann Symbole nur bis zu einem gewissen Grad erklären«, sagt der gnostische Ägypter Akkad in Durrells Roman *Monsieur*. »Danach muss man nach ihnen leben, um sie zu verstehen. Sie lösen sich vom Begriffsfeld und gehen in unser pulsierendes Blut über. In diesem Bereich kann man wirklich sagen: ›Ich weiß.‹ Ohne die Verpflichtung, einen Beweis zu erbringen, und ohne logische Begründung.«

Ein Symbol ist immer auch ein Mysterium. Und der Franzose René Guénon (1886–1950) meint zu Recht (in seinem Buch *Stufen*), »dass Mysterium auch im theologischen Sinne nicht etwas ist, das man nicht erkennen, sondern nach der Etymologie des Wortes etwas, das man nicht ausdrücken und mitteilen kann«. Gerade das wollen wir hier trotzdem versuchen.

Bei ihren Versuchen, sich in die Dienste des Sonnensymbols zu stellen und gleichzeitig dieses für sich hilfreich zu machen, stehen die Esoteriker vor zum Teil selbst gemachten Fragen – wann täten sie das nicht? Soll man seine Anrufungen, Meditationen, Rituale bei Sonnenaufgang ausführen? Die Morgenröte, Aurora mit den Rosenfingern, gilt in allen Kulturen als das Symbol des Erwachens, des wiederkehrenden Lichts, der Jugend, aller Versprechungen und Möglichkeiten.

Ihre stärkste, man möchte sagen vitalste Kraft dagegen strahlt die Sonne am Mittag aus. Er ist ein Energiepunkt auf dem Zifferblatt der Himmelsuhr. Genau die Hälfte des

Tages ist vorüber, seit um Mitternacht der neue Tag anbrach. Es ist, als hielte sogar die Zeit einen Augenblick den heiligen Atem an, als bleibe auch das Sonnenlicht für einen Augenblick unbeweglich, eine kurze Ahnung der Ewigkeit, bevor es, noch unmerklich, der Nacht entgegensinkt. Sollte das nicht der richtige Zeitpunkt für einen ehrfürchtigen Kontakt mit dem Licht der Sonne sein?

Oder wählt man dafür vielleicht doch besser die Stunde des Sonnenuntergangs? Gewiss, dieses Vergehen des Sonnenlichts symbolisiert die wehmütige Schönheit eines Niedergangs, des Vergehenden und der Vergangenheit. Sie ist ein Abbild der Melancholie und der Nostalgie oder auch des späten Feuerglanzes. Mit ihr begleitet man die Reise der

Sonnenaufgang	Symbol des Erwachens, des neuen Tags, der Jugend, des Neubeginns, der Möglichkeiten.
Mittag	Der Augenblick der stärksten Sonnenkraft, Gipfelpunkt und Zäsur des Tages.
Sonnenuntergang	Die Sonne beginnt die Reise in die Nacht. Mit ihren letzten Strahlen begleiten wir sie dorthin, wo sich die Geheimnisse des neuen Tages vorbereiten.

Die drei Kardinalpunkte für Sonnenmeditationen, Sonnenanrufungen und Sonnenrituale

Sonne in die Nacht. Und die Nacht ist die dunkle kosmische Zauberküche, in der die Gerichte, die Einflüsse und die Ereignisse des kommenden Tages zubereitet werden. Wer mit der niedergehenden Sonne in diese Zauberküche gleitet, kann auf die Geschehnisse des neuen Tages vielleicht Einfluss nehmen. Ganz abgesehen davon, dass es gut sein mag, mit den letzten Strahlen der Sonne in die eigene Nacht und den eigenen Schlaf zu sinken, in dem so vieles sich vorbereitet und geschieht.

Ich glaube, dass es zu jedem Zeitpunkt gut ist, sich mit der Sonne zu verbinden. Und bevor wir uns mit einem größeren Sonnenritual und seinen Variationen beschäftigen werden, die uns ein Weiser unserer Zeit nahe bringen und erklären soll, will ich eine eigene Übung vorschlagen, mit der wir zu jeder Tageszeit die Sonne in uns aufnehmen können. Sie wirkt wie ein geistiger Imbiss in allen Momenten der Bedürftigkeit und auch des Glücks.

So holen wir uns Stärke, Liebe, Weisheit aus der Sonne

Wir können diese Anrufungen der im Sonnenlicht verborgenen Kräfte am offenen Fenster machen, auf dem Balkon, im Garten, wenn wir das Glück haben, einen zu besitzen, oder irgendwo im Freien. Voraussetzung ist natürlich, dass die Sonne scheint und dass wir sie sehen. Wenn wir eine sehr starke Sonnenbrille haben, können wir eine Weile direkt in die Sonne blicken. Andernfalls wenden wir das Gesicht mit geschlossenen Augen der Sonne zu.

Besonders schön und wirksam ist das Ritual natürlich in

der Natur. Da kann es ohne weiteres zum Höhepunkt eines Spaziergangs oder einer Wanderung werden. Wie viele andere spirituelle Praktiken machen wir diese Übung am besten ohne fremde Augenzeugen. »Normale« Menschen, die uns dabei zuschauen, könnten uns für »verrückt« halten.

Nun stehen wir also still, das Gesicht der Sonne zugewandt, und lassen die Alltagsgedanken von uns abgleiten und auch die Sinneswahrnehmungen von unserer nahen und weiteren Umgebung. Wir konzentrieren uns auf die Sonne und sind dabei überzeugt, dass hinter ihrem Licht und hinter ihrer Wärme noch ein anderes Licht leuchtet, das mit ihren Strahlen zu uns strömt und in uns eindringt und mit dem unsichtbaren Licht in uns verschmilzt. So stehen wir da, die Hände und Arme herabhängend, und während wir auch unsere Konzentration auf die Sonne langsam zurücknehmen, spüren wir, wie eine andere als die physische Wärme in unserem Körper zu wirken beginnt. Das geschieht vielleicht im Solarplexus, dem Sonnengeflecht zwischen unterster Rippe und Nabel, aber es kann auch durch die Beine und den Körper hochlaufen bis zur Mitte der Brust oder zum Kopf, zum dritten Auge zwischen den Brauen oder gar bis zur obersten Stelle des Schädels.

Dann heben wir langsam die Hände an der senkrechten Mitte des Körpers und Gesichts hoch, bis sie sich mit den ausgestreckten Armen über unserem Kopf befinden. Wir lassen die Finger der rechten und der linken Hand sich kurz berühren und umkreisen dann, den ausgestreckten rechten Arm an der rechten Seite, den ausgestreckten linken Arm gleichzeitig an der linken Seite abwärts führend, Kopf und Körper. Dabei sagen wir: »Licht und Stärke!«

Wir stellen uns vor, dass wir dabei einen Lichtkreis um

uns bilden, der sich mit Licht und Stärke füllt und uns einhüllt. Wenn die Hände an ihrem untersten Punkt angelangt sind und die Arme wieder herabhängen, berühren sich die Finger.

Zum zweiten Mal heben wir Arme und Hände über den Kopf, umkreisen dann mit ihnen unseren Körper und sagen dabei: »Licht und Liebe!«

Wir stellen uns vor, dass sich der Lichtkreis um unseren Körper mit Licht und Liebe füllt, und lassen Arme und Hände wieder sinken, bis sich diese berühren.

Wir wiederholen das Ritual noch ein drittes Mal. Und während Arme und Hände um uns einen imaginären Kreis zeichnen, sagen wir nun: »Licht und Weisheit!«

Dabei spüren wir, wie sich der Lichtkreis um unseren Körper mit Licht und Weisheit füllt. Dann kommen Arme und Hände wieder zur Ruhe, wobei sich die Finger berühren.

So verharren wir eine kleine Weile. Dann, während sich alles in uns auf das Licht konzentriert, winkeln wir den rechten Arm an und heben ihn, bis sich die Hand in Augenhöhe befindet. Mit einer schnellen Bewegung strecken wir den Arm nach vorn aus, wobei die geballte Hand mit dem vorgestreckten Zeigefinger direkt auf die Sonne deutet. Dabei sagen wir möglichst intensiv: »Ehejeh!« (»Ich bin!«)

So bleiben wir beliebig lang oder kurz in einem möglichst gedankenfreien Zustand erhöhter Wahrnehmungsfähigkeit. Auf dem als Vision zwischen der Sonne und uns entstandenen Strahl strömen die Stärke, die Liebe und die Weisheit und die Herrlichkeit der Sonne in uns ein. Vielleicht gelingt es uns, noch lange in diesem gehobenen Gefühl zu sein.

Bei diesem Sonnenritual habe ich eine Erfahrung gemacht, die sich fast jedes Mal wiederholte, auch wenn ich nicht das ganze Ritual ausführte. Vielleicht wollen Sie, liebe Leserin, lieber Leser, es auch einmal versuchen, um zu schauen, ob es Ihnen ähnlich ergeht.

Wenn ich ohne Sonnenbrille mit geschlossenen Augen mein Gesicht hebe, dass es sich der Sonne gegenüber befindet, scheint das Licht zunächst in einem hellen, leuchtenden Rot durch die durchbluteten Augenlider – ein normaler optischer Vorgang. Indem ich die immer noch geschlossenen Augen ein wenig nach innen wende, also unsichtbar schiele, zieht sich die strahlend rote Fläche zusammen und kondensiert sich zu einer nicht sehr großen, noch viel stärker leuchtenden runden Scheibe, die in fünf bis zehn Zentimetern Entfernung vor meinem dritten, das heißt geistigen Auge zwischen den Brauen schwebt.

Sehr schnell verwandelt sich das Rot der Scheibe in ein sehr intensiv leuchtendes Lila. Von ihm gehen auf mein Stirn-Chakra – dem Zentrum der inneren Sicht und Einsicht – oder auf das dritte Auge, das sich ja an der Stelle dieses sechsten Chakras befindet, Wirkungen aus, die ich nicht näher beschreiben kann.

Auch wenn ich die flache Hand über die Augen lege, das Sonnenlicht also nicht mehr durch die Lider dringen kann, bleibt der lila Fleck vor mir noch eine ganze Weile im Schweben, bevor er sich allmählich zurückzieht.

Der Untergang von Atlantis

Die Erkenntnisse, dass sich die gewaltigen und vielschichtigen Sonnenenergien für praktisch-technische und auch für geistige, spirituelle Zwecke anzapfen lassen, sind uralt. Einen ihrer Höhepunkte sollen sie bei den legendären Atlantern erreicht haben, deren Erdteil Atlantis das gesamte nordatlantische Gebiet umfasst und südwärts bis Brasilien gereicht haben soll.

Mit riesigen Kristallen, so heißt es, fingen die Atlanter das Sonnenlicht ein, konzentrierten es und betrieben damit alle möglichen Maschinen und Apparate. Die Kraft und vielfache Anwendbarkeit dieser Sonnenenergie übertraf die Möglichkeiten der Laserstrahlen, wie man sie heute verwendet, um ein wohl Tausendfaches. In manchen Esoterikerkreisen wird die Meinung vertreten, dass die Wissenschaftler, die heute mit Laserstrahlen operieren, reinkarnierte Atlanter sind.

Eine ungeheures Erdbeben soll Atlantis vor rund 80 000 Jahren zerstört und versenkt haben. Es heißt, die Vernichtung dieses riesigen und technisch so fortgeschrittenen Kontinents sei von höchster Stelle verhängt worden, weil die Atlanter mit der Nutzung der Naturkräfte und nicht zuletzt der Sonnenenergie zunehmend Missbrauch getrieben hätten.

Nicht ganz so alt, sondern nur vor gut dreieinhalbtausend Jahren errichtet, ist das berühmte vorgeschichtliche Monument Stonehenge nördlich von Salisbury, in England. Es besteht aus einer kreisförmigen Anordnung riesiger, zum Teil über zehn Meter hoher und tausend Zentner schwerer Steinsäulen. Noch heute rätseln die Wissenschaftler, wie diese gewichtigen Blöcke über weite Wege herantransportiert und zum Teil sogar als steinerne Querbalken auf die anderen Säulen gesetzt werden konnten. In meinem Buch *Himmelsmusiken* habe ich erklärt, dass musikantische Esoterikerinnen und Esoteriker zu wissen glauben, wie das Bewegen dieser Riesengewichte damals möglich war: Unsere Urväter, diese »Heiden«, verstanden es, durch Klänge die Schwerkraft aufzuheben.

Das Geheimnis von Stonehenge

In diesem Buch interessiert uns ein anderes Mysterium des Megalithmonuments von Stonehenge (Megalith = Riesenstein). Über Sinn und Zweck dieser Anlage gibt es zahlreiche Theorien. Ich glaube an die, welche der Benediktinermönch David Steindl-Rast aus Wien, ein Mitbegründer der amerikanischen Klosterbewegung, uns in seinem Buch *Fülle und Nichts* gibt:

Der Grundriss von Stonehenge ist eindeutig auf die Stelle des Sonnenaufgangs zur Sommersonnenwende ausgerichtet und ebenso zu anderen Punkten am Horizont, an denen Sonne und Mond an besonderen Tagen ihrer Zyklen aufgehen. Die ganze sorgfältig durchdachte Struktur wird somit zu einer gigantischen Sonnenuhr und ebenso zu einer Monduhr, in die wir selbst eintreten können. Stonehenge übersetzt die Zyklen von Sonne und Mond in Architektur, Bewegung in Design, Zeit in Raum. Dieser kleine Teil der Erde ist nach den Himmeln ausgerichtet. Die oben beobachtete Ordnung wird unten verwirklicht.

Dass die Sonne auch ohne raffinierte Apparaturen oder riesige Anlagen ihre Macht auf direktem Weg zeigen kann, erwies sich in dem portugiesischen Ort Fatima. Dort war im Jahr 1917 drei Schafe hütenden Kindern Maria, die »Mutter Gottes«, mehrmals erschienen und hatte zukünftige und unvorhersehbare Geheimnisse offenbart.

»Nach Ankündigung«, schreibt Werner Bonin (im *Lexikon der Parapsychologie*), »erfolgte in Fatima vor zehntausenden von Zeugen das so genannte Sonnenwunder: Die Sonne drehte sich mit rasender Geschwindigkeit, schien auf die Erde zu stürzen und nahm dann ihre normale Lage wieder ein, berichten die Beobachter. Dieses Sonnenwunder soll sich mehrfach, auch in anderen Ländern, wiederholt haben, so im Oktober und November 1950 vor Papst Pius XII. in den vatikanischen Gärten.«

Die Sonnenaufgänge des Meisters Mikhaël Aïvanhov

Für die Anhänger des schon erwähnten Meisters Mikhaël Aïvanhov spielt das geistige Erleben des Sonnenaufgangs eine wichtige Rolle. Bei ihren Zusammenkünften versammeln sie sich schon im Morgengrauen in der Natur, um das heranwachsende Morgenrot und die Ankunft des Feuerballs gemeinsam und schweigend zu erwarten. Wenn die Sonne von Wolken verdeckt ist, verbinden sie sich trotzdem in Gedanken mit ihrem Licht und seinen Symbolen.

Auch einzeln oder mit der Familie versuchen sie möglichst oft, die im Sonnenlicht verborgenen Kräfte anzuziehen. Dass das im Trott des modernen Lebens nicht täglich möglich ist, versteht sich von selbst.

Aïvanhov vertrat die Ansicht, dass man diese Morgenmeditationen nur in dem Halbjahr praktizieren soll, in dem die Kraft der Sonne wächst, also vom Frühlingsbeginn am 21. März (in der nördlichen Erdhälfte) an bis zum Herbstanfang am 23. September. Auch wenn man einmal alle spirituellen Hintergründe beiseite lässt, muss man zugeben, dass in weiten Teilen Europas und Nordamerikas in der kälteren und meist unfreundlicheren Jahreszeit die Anteilnahme an einem Sonnenaufgang schwerer fällt. Wegen der Idee, sich mit der heraufkommenden und wachsenden Macht der Sonne zu verbinden, zog Aïvanhov die Sonnenaufgänge vor. In die schwindende Kraft der Sonne bei ihrem Untergehen hineinzumeditieren, lehnte er ab.

Die Vorbereitung auf das geistige Erlebnis des Sonnenaufgangs beginnt bereits am Vorabend. Da sind einige Dinge, die man vermeiden sollte: allzu viel essen, sehr spät ins Bett gehen, dem Alkohol zusprechen, den Geist vor der Nachtruhe mit negativen und aufwühlenden Einflüssen belasten (entsprechende Bücher oder Fernsehsendungen), über die Stränge schlagen. Ehe man die tiefen Reiche des Schlafs betritt, sollte außen und innen alles geregelt sein. So erwacht man am nächsten Morgen vor Sonnenaufgang mit hellen Gedanken, das Herz voll Frieden, nichts hat man jetzt zu ordnen, zu bedauern oder zu reparieren. Man befindet sich in dem erwartungsfrohen Zustand, in dem man eigentlich vor jeder Meditation, vor jeder spirituellen Handlung, »fußbreit über dem Boden schweben« sollte.

Wenn man dann in der Dämmerung und in der Morgenröte die Ankunft der Sonne erwartet, ist es wichtig, den entscheidenden Augenblick nicht durch Unaufmerksamkeit zu verpassen.

Seid darauf vorbereitet, den ersten Strahl einzufangen. Von dem Zustand, in dem ihr ihn empfangt, hängt euer ganzer Tageslauf ab. In dem Augenblick, in dem dieser Strahl euch erreicht, müsst ihr bereits mit der Sonne verbunden sein, um zu spüren, dass euer höheres Selbst ein Teil der Sonne ist, ein Teil ihrer Flammen. Indem ihr euch mit der kosmischen Kraft vereint, die von der Sonne kommt, könnt ihr daraus beliebig schöpfen, weil euer höheres Selbst in ihr wohnt, und weil ihr durch das höhere Selbst in der Sonne lebt, badet ihr in ihrem Licht.

Bei all dem dürfen wir natürlich nicht übersehen, dass die Sonne auch ihre negative, zerstörerische Seite hat. So führt es zu schwersten Augenschäden, ohne den Schutz einer sehr starken Sonnenbrille ihren leuchtenden Ball zu betrachten, wenn er seine Kraft entfaltet hat. Es ist ein gefährlicher Irrtum, zu glauben, wer sich der Sonne nähert, empfange von ihr zwangsläufig nur Gutes.

In seinem nach Vorträgen zusammengestellten Buch *Die neue Erde* beschreibt Aïvanhov viele Möglichkeiten, am Morgen meditativ mit der Sonne, dem für uns stärksten Medium des Weltgeists, zu kommunizieren. Ich führe hier davon fünf an:

1) Die Suche nach dem Zentrum.
Ihr müsst immer die Sonne mit dem Wunsch betrachten, euch dem Zentrum, eurem Zentrum zu nähern. Allein dadurch, dass ihr die Sonne anschaut, nähert ihr euch dem Sonnensystem, und das gleiche Phänomen vollzieht sich in euch: Euer Bewusstsein nähert sich eurem eigenen Zentrum, eurem Geist, und ihr findet das Licht, den

Frieden, die Freiheit, die Kraft. An dem Tag, an dem ihr euch entschließt, diese Arbeit gewissenhaft zu machen, werdet ihr fühlen, dass zwischen euch und der Sonne Wellen zu zirkulieren beginnen, die Formen schaffen, Farben, eine neue Welt...

2) Die feinen Elemente der Sonne einfangen.

Indem sich der Schüler auf die Sonne konzentriert, kann er für sein Gleichgewicht und für seine Gesundheit notwendige Elemente sich in ihrer ursprünglichen Reinheit aneignen, sie einfangen. Tatsächlich ist das sehr einfach, es ist nicht einmal nötig zu wissen, welche Elemente seine Gesundheit wiederherstellen werden, das ist ohne Bedeutung. Ihr steigt nur durch Gedanken in die feinsten, zartesten, subtilsten Regionen des Raums auf, und dort wartet ihr, wobei ihr euch allen diesen Strömungen aussetzt. In diesem Augenblick fangen eure Seele und euer Geist, die sehr kompetente Chemiker sind und die Natur aller Substanzen des Äthers genau kennen, das auf, was ihr braucht, und lassen den Rest beiseite. Es ist das Prana, eine Lebenskraft, die sich auch im Weltall offenbart: Prana ist ein Fluss, der von der Sonne bis zu uns kommt und aus dem wir durch Atmen und Meditieren alle Elemente schöpfen können, die wir brauchen.

3) Übung, um die Aura zu entwickeln.

Ihr müsst daran denken, an eurer Aura zu arbeiten, und indem ihr jeden Morgen zum Sonnenaufgang geht, indem ihr seht, wie diese selbst sich mit einer Aura wunderbarer Farben umgibt, sagt ihr: »Auch ich möchte mich *mit den schönsten Farben umgeben: dem Violett, dem Blau, dem Grün, dem Gelb, dem Orange, dem Rot...«* Ihr badet euch lange, sehr lange in diesem Licht, ihr stellt euch vor, dass es strahlt und sich sehr weit erstreckt, dass alle Kreaturen, die sich in dieser Atmosphäre des Lichts befinden, daraus Nutzen ziehen.*

4) Das himmlische Feuer anziehen.

Um euren Charakter umzuwandeln, eure Ideen, eure Gewohnheiten, eure Anlagen, müsst ihr das himmlische Feuer anrufen, anziehen, es bitten, herabzusteigen und euer Herz zu entzünden und zu bewegen, euer ganzes Sein. Zählt nicht auf Erklärungen und Lektüren, sie werden euch nichts nützen, solange das Feuer in euch noch nicht entzündet ist, um aus euch ein lebendiges Wesen wie die Sonne zu machen. Die Sonne ist das lebende Feuer, sie muss man sehen, jeden Morgen, um einen Kontakt mit dem himmlischen Feuer zu schaffen.

5) Die Sonne trinken.

Sobald der erste Sonnenstrahl erscheint, atmet ihr ihn ein; so beginnt ihr, die Sonne zu trinken. Statt sie nur anzuschauen und zu atmen, trinkt ihr sie... Und ihr stellt euch vor, dass dieses Licht, das lebendig ist, sich in alle Zellen eurer Organe verteilt, und dass es sie stärkt, sie belebt, sie reinigt. Diese Übung hilft euch, euch zu konzentrieren, und die Ergebnisse sind phantastisch: Euer ganzes Wesen vibriert, und schließlich fühlt ihr, dass ihr wirklich Licht trinkt.

Die großen Eingeweihten und geistigen Helfer der Menschen, glaubte Aïvanhov, leben auf der Sonne weiter. Von dort schicken sie uns ihre Hilfe durch die Sonnenstrahlen.

Die weiße und die schwarze Sonne

Wir sollten nicht übersehen, wie bereits erwähnt, dass die Sonne auch eine negative, eine zerstörerische Seite hat. So müssen wir uns an ihre positive Seite wenden. Das gilt ja für alle Kräfte, mit denen wir geistig arbeiten.

Die Gnostiker der frühen nachchristlichen Jahrhunderte zum Beispiel lehrten, dass die Sonne zwei Aspekte hat, einen guten und einen bösen: den der weißen und der schwarzen Sonne, repräsentiert von Michael und Samuel, auch von Gott und Satan. Demnach herrscht sogar in den hohen Gefilden der Sonne eine Polarität. Vieles davon ist Glaubens- oder anders ausgedrückt Ansichtssache, nicht zuletzt eine Angelegenheit der eigenen Erfahrung. Wüstenaraber würden lachen – sofern sie überhaupt lachen –, wenn man ihnen gegenüber von der wohltuenden Wärme der Sonne spräche. Oft aber ist die Sonne auch das, was der Mensch aus ihr macht.

Da fällt uns natürlich die schreckliche Prozedur der viel bewunderten Aztekenpriester ein, dem Sonnengott zu opfern, indem man einem lebenden jungen Menschen das Herz aus der Brust schnitt und herausriss. Hier wurde blutig geopfert und dabei die Negativseite der Sonne angerufen. Die Sonne, deren Gott Huitzilopochtli war, werde verschwinden, wenn sie nicht mit Menschenblut gespeist werde, glaubten die Azteken. »Und die Azteken verstanden sich als das von der Sonne auserwählte Volk«, schreibt Alfred Ankowiak in seinem Buch *El Dorado*, »unermüdlich waren sie damit beschäftigt, ihrem Gott durch Opfer und Krieg die erforderliche Blutnahrung zuzuführen, denn sie hatten – überspitzt gesagt – ihrer religiösen Überzeugung nach die Wahl, entweder die bekannte Menschheit zu massakrieren oder unterzugehen. So war auch der Krieg für sie ein kultischer Akt, sie waren weniger auf territorialen Gewinn oder auf Tributzahlungen in klingender Münze aus: Objekt ihrer Kriege waren Kriegsgefangene, die sie dem Sonnengott opfern konnten.«

Und Alexander von Gleichen-Russwurm meint dazu in seiner *Kultur- und Sittengeschichte*:

Vorschriften, wie sie nur ein Volk von einer starken Kultur geben und befolgen kann, und feierliches Schlachten von Jünglingen oder Kriegsgefangenen auf dem Opferstein des Gottes, wobei das Herz dem Opfer noch zuckend aus der Brust gerissen wurde, sahen die Spanier staunend in Übung. Die Opfer waren meist Kriegsgefangene oder gekaufte oder durch das Los von den Priestern bestimmte Geschöpfe, manchmal auch Kinder. Eine mächtige Priesterschaft wachte über diese Zeremonien, sie wohnte in abgeschlossenen Gebäudevierteln um die Tempelbauten, die pyramidenartig zu hochgelegenen Altarterrassen aufstiegen, wo stets unterhaltene Feuer brannten. Die geschlachteten Opfer wurden zum Teil dem Gott geweiht; zum Teil bei feierlichem Mahl von den Priestern gegessen.

C. G. Jungs Begegnung mit den Sonnenlenkern
von Taos

Indianischen Anbetern des Gottes Sonne – nicht des Sonnengottes – begegnete C. G. Jung auf einer Reise nach New
Mexico, USA, in den Zwanzigerjahren. In dem Puebloort
Taos, nicht allzu weit von Santa Fé entfernt, schloss er Be-
kanntschaft mit dem Indianer Ochwiä Biano. Auf dem
Flachdach des fünften Stockwerks des Hauptgebäudes
führte er mit ihm sein aufschlussreichstes Gespräch. Jung
erzählt in seinen Erinnerungen:

Von dort sah man Gestalten auf den anderen Dächern
stehen, in ihre Wolldecken gehüllt, versunken in den Anblick der wandernden Sonne, die sich täglich in einen reinen Himmel erhob. Um uns herum gruppierten sich die
niedrigeren, aus luftgetrockneten Ziegeln gebauten vier-
eckigen Häuser mit den charakteristischen Leitern, die
von der Erde aufs Dach oder von Dach zu Dach zu
höheren Stockwerken führten. (In den früheren unruhi-
gen Zeiten pflegte der Eingang im Dach zu sein.) Vor
uns dehnte sich die wellige Hochebene von Taos (ca.
2300 Meter über dem Meer) bis an den Horizont, wo
sich einige konische Gipfel (alte Vulkane) bis zu 4000 m
erhoben. Hinter uns strömte ein klarer Fluss an den Häusern vorbei ...
Als ich mit Ochwiä Biano auf dem Dach saß und die
Sonne mit blendendem Licht höher und höher stieg,
sagte er, auf die Sonne deutend: »Ist nicht der, der dort
geht, unser Vater? Wie kann man anders sagen? Wie

kann ein anderer Gott sein? Nichts kann ohne die Sonne sein ...«

Ich fragte ihn, ob er nicht dächte, die Sonne sei eine feurige Kugel, von einem unsichtbaren Gott geformt. Meine Frage erregte nicht einmal Erstaunen, geschweige denn Unwillen. Es reagierte offensichtlich überhaupt nichts in ihm, auch fand er meine Frage nicht einmal dumm. Sie ließ ihn gänzlich kalt. Ich hatte das Gefühl, an eine unübersteigbare Wand gekommen zu sein. Die einzige Antwort, die ich erhielt, war: »Die Sonne *ist* Gott. Jeder kann es sehen.«

»Meint ihr, dass das, was ihr in eurer Religion tut, der ganzen Welt zugute kommt?«, wollte ich wissen.

»Natürlich, wenn wir das nicht täten, was müsste dann aus der Welt werden?« Und mit einer andeutungsvollen Geste zeigte der Sprecher auf die Sonne.

Ich fühlte, dass wir hier auf ein sehr heikles Gebiet kamen, das an die Mysterien des Stammes grenzte. »Wir sind doch ein Volk«, sagte er, »das auf dem Dach der Welt wohnt, wir sind die Söhne des Vaters Sonne, und mit unserer Religion helfen wir unserem Vater täglich, über den Himmel zu gehen. Wir tun dies nicht nur für uns, sondern für die ganze Welt. Wenn wir unsere Religion nicht mehr ausüben können, dann wird bis in zehn Jahren die Sonne nicht mehr aufgehen. Dann wird es für immer Nacht werden.«

Wir fanden in Taos den Sonnengott nicht mehr

Als meine Frau und ich gut sechzig Jahre später nach Taos kamen, wobei eine uralte Indianerin unseren Wagen durch plötzliches, wohl intuitives Abbiegen um Haaresbreite gerammt hätte, sahen wir keine Gestalten auf den Pueblodächern stehen. In dem einst klaren Fluss, von dem Jung gesprochen hatte, lagen verrostete Eimer, Abfall und das Skelett eines Autos.

Ein wenig gelähmt, nicht nur wegen der rasch zunehmenden Hitze, gingen wir zwischen den Pueblos umher und wussten nicht, was wir suchten. In diesem Taos schien die Zeit nun nicht still zu stehen, sondern nicht zu existieren. Lag das daran, dass niemand mehr dem riesigen Chronometer der Sonne half, die Stunden auf dem Himmel anzuzeigen? Später erklang an der Biegung eines Platzes eine merkwürdige Musik aus Trommeln und einem hohl tönenden Blasinstrument. Ein älterer Indianer mit einem großen Federkopfschmuck kam aus einem Haus und begann wie abwesend, in eine fast sichtbare Wolke von Nostalgie gehüllt, zu tanzen. Amerikanische Touristen mit ihren Frauen und Kindern rückten mit ihren Kameras näher und bildeten um den einsam Tanzenden neugierig und gutwillig einen Kreis.

Aber bald verließen die ersten den Kreis und gingen weiter. Hier war kein Funke mehr, der zündete. Als meine Frau und ich zwei Stunden später in unser Auto stiegen, stand die Sonne weiß und sengend, rätsellos und unbeachtet über Taos.

Der alte Glaube an die göttliche Macht der Sonne ist bei den Indianern trotzdem noch nicht untergegangen. Die Weißen, glauben sie, haben den Indianern die Sonne gestohlen und deshalb für einige Zeit die Herrschaft über weite Teile der Welt gewonnen, auch über die alten indianischen Gebiete. Das wird nicht immer so bleiben. Denn die Weißen sind nicht fähig, die Sonne festzuhalten, sie wissen nicht, wie sie das tun sollen. Sie haben sie eingefangen, aber sie haben keine Ahnung, was sie mit ihr machen müssten. Eines Tages werden die indianischen Männer die Sonne zurückgewinnen und die Herrschaft über die ganze Welt antreten.

Wenn man die gegenwärtige Situation der Indianer überall, wo sie noch sind, betrachtet, gehört ein unerschütterlicher Glaube dazu, auf das Eintreten einer solchen Weltenwende weiter zu warten.

Der Mann, dem die Sonne die Flügel verbrannte

Wer mit den Sonnenkräften nicht umzugehen weiß, sollte besser die Finger – und den Geist – von ihnen lassen. Er könnte sonst ein Epigone der beiden Gestalten aus dem griechischen Mythenhimmel werden, deren Schicksale nur scheinbar im Stil eines Actionfilms verliefen. Denn hinter der Handlung dieser altgriechischen Storys verbergen sich eine Warnung und eine tiefere Bedeutung.

Das eine dieser bedenklichen Abenteuer lasse ich hier den englischen Historiker Robert von Ranke-Graves erzählen, aus seinem Buch *Die Götter Griechenlands*. Es handelt von dem griechischen Erfinder und Ingenieur Daidalos und seinem Sohn Ikaros, die von König Minos auf Kreta gefangen gehalten wurden. Minos setzte alle Mittel ein, damit die beiden nicht von der Insel entfliehen könnten.

Doch Daidalos machte für sich selbst ein Paar Flügel und ein zweites für Ikaros. Die großen Federn wurden von Fäden zusammengehalten, während die kleinen Federn mit Wachs befestigt waren. Er band ein Paar dem Ikaros an und sagte zu ihm mit Tränen in den Augen: »Sei gewarnt, mein Sohn! Fliege nicht zu hoch, damit die Sonne nicht das Wachs schmelze, noch lasse dich zu tief herab, damit die Federn nicht vom Wasser benetzt werden!« Dann schlüpfte er mit den Armen in die eigenen Flügel und sie flogen davon. »Folge mir«, rief er »und ändere die Richtung nicht.«
In nordöstlicher Richtung flogen sie flügelschlagend von der Insel. Da hielten die Fischer, Schafhirten und Bauern die beiden fliegenden Wesen für Götter.
Sie hatten Naxos, Delos und Paros hinter sich gelassen und ließen Lebynthos und Kalymne zur Rechten. Da missachtete Ikaros den Befehl seines Vaters und erhob sich voller Freude über die Kraft seiner großen Flügel gegen die Sonne. Als Daidalos über seine Schulter zurückblickte, war Ikaros verschwunden. Nur einige Federn schwammen auf den Wellen unter ihm: Die Hitze der Sonne hatte das Wachs geschmolzen, und Ikaros war ins Meer gestürzt und ertrunken.

Phaëtons Todesfahrt in Vaters Sonnenwagen

Erheblich turbulenter und schrecklicher, weil kosmischer, ging es bei der letzten Reise des Phaëton zu. Er war ein Sohn des Sonnengottes Helios, häufig Phoibos Apollo genannt, und der Okeanide Klymene, einer der dreitausend Töchter des Titanen Okeanos.

Phaëton hatte seinen Vater so weit gebracht, dass er ihm erlaubte, einen Tag den von vier geflügelten Feuerrossen gezogenen Wagen zu lenken, den sonst Apollo selbst täglich über den Himmel fuhr. Vergeblich versuchte Apollo, von bösen Vorahnungen gequält, im letzten Moment einen Rückzieher zu machen. Aber versprochen war versprochen.

Phaëton bestieg das Sonnengefährt und ergriff die Zügel. Und dann passierte, was der römische Dichter Ovid (45 v. Chr. – 17 n. Chr.) in seinen *Metamorphosen* so plastisch schildert. Der Sonnenwagen, dessen Flügelrosse Phaëton nicht zu zügeln verstand, raste los durch die Weiten des Äthers, stieß an die Sterne und sauste dann wieder hinab zwischen die Wolken, viel zu tief über der Erde:

Wunder nimmt es der Mond, dass tiefer die Rosse des Bruders* rennen als seine, und rings entzündet rauchen die Wolken. Wo sie am höchsten sich hebt, erfassen Flammen die Erde ... auch große ummauerte Städte verderben, und es verwandelt die Brunst des Feuers in Asche die ganzen Länder mitsamt ihrem Volk.

---

* Das Wort *sol* (Sonne) war im Lateinischen männlich, so wie heute noch zum Beispiel italienisch *il sole* oder französisch *le soleil*.

In ihrer Not ruft Gaia, die Mutter Erde, den Göttervater Zeus zu Hilfe. Dieser erkennt, dass die Schöpfung in Gefahr ist, zu Grunde zu gehen, wenn er nicht eingreift. Vom Zenit herab schleudert er einen Blitz auf den unseligen Wagenlenker. Der Wagen bricht auseinander, die scheuenden Pferde reißen sich los. Phaëton, in dessen Haar – wie es eindrucksvoll heißt – das Feuer wütet, stürzt wie ein fallender Stern in den Strom Po, der sein brennendes Gebein löscht.

Damals verstand man sehr wohl, was diese mythische Geschichte vom Beinaheuntergang der Welten beispielhaft sagen wollte: dass Chaos die Folge ist, wenn Uneingeweihte mit den Kräften spielen, die nur den Göttern, den Eingeweihten und den hohen Weisen gefügig sind. Das gilt auch heute noch, und nicht nur in den gewaltigen Dimensionen der Phaëton-Legende, sondern bis hinunter ins kleine Detail. Die esoterische Freundin und der Freund, welche die Sonne und die hinter ihr stehenden Kräfte rufen, sollten das nicht vergessen.

Was uns die Sonne nahm und schenkte

Wenn seit den vergangenen paar spärlichen Jahrhunderten keine so gewaltigen Mythen mehr entstanden sind, dann haben dazu zum guten Teil wertvolle wissenschaftliche Erkenntnisse beigetragen. Solange die Erde das Zentrum der damals bekannten Welt war und man davon ausging, dass Planeten und andere sichtbare Sterne sich um dieses Zentrum drehten, war der Mensch auf der Erde noch gut behaust. Doch mit den Erkenntnissen von Galileo Galilei

(1564–1642) und anderen, dass die Erde um die Sonne kreist und nicht umgekehrt, konnte sich der Mensch nicht mehr auf einem im Mittelpunkt des Universums ruhenden Planeten geborgen fühlen. Und da bedurfte es auch – wie in der Phaëton-Legende – keiner weiteren Eingriffe aus himmlischen Gefilden mehr, um sich unbehaglich zu fühlen.

»Das Universum schien den Menschen seine prästabilierte Ordnung verloren zu haben«, erklärt der Philosophieprofessor Karl Löwith in der Zeitschrift *Merkur*. »Radikale Veränderlichkeit verbreitete sich vom Himmel bis zur Erde, und der Mensch ging sich verloren in dieser nicht mehr geordneten und ihm zugeordneten Welt.«

Doch gerade die Sonne kann uns dazu verhelfen, in unserem irdischen Leben auf der Erde Momente des erfüllten Glücks zu finden. Ich möchte hier keine psychologischen Erklärungen anfügen, denn der Grund dafür liegt tiefer, auch wenn er aus scheinbar nur äußerlichen Sinneseindrücken kommt. Und so lassen wir einmal die steinerne Riesensonnenuhr von Stonehenge, Jungs afrikanischen Prachtsonnenaufgang, die feierlichen Morgenrötezeremonien mit vielen Gleichgesinnten und das tödliche Verkehrsunglück mit dem Sonnenwagen beiseite und kehren zu unserem persönlichen Erfahrungsbereich zurück. Das heißt, ich möchte von den Augenblicken sprechen, in denen uns die Präsenz der Sonne ganz plötzlich bis ins Mark und bis in die Seele getroffen hat, auch wenn diese Augenblicke nichts Besonderes zu sein schienen.

Und doch machten sie uns auf eine kaum mit Worten zu erklärende Weise unseres ganzen Seins bewusst – und glücklich. Wir konnten nicht genau sagen, wie oder warum, aber unsere Substanz hatte durch diese Momente etwas Neues gewonnen. Das kann uns täglich und immer wieder geschehen, wenn wir merken, dass wir von der Sonne und dem, was durch sie leuchtet, auf besondere Art berührt worden sind.

Mein erstes Lichtgeheimnis

Ich war ein zwölfjähriger Indianerhäuptling und kroch auf allen vieren an einem heißen Sommertag durch die verwachsene Buschlandschaft der Isarauen vor den Toren Münchens. Man musste vorsichtig sein, denn überall lauerte der Feind – obgleich ich damals zum Glück noch nicht genau wusste, was ein Feind ist. Ein paar Zweige schlangen sich um meine Knöchel und ließen sie nicht mehr los. Ich drehte mich auf den Rücken, um sie zu lösen, und sah einen Moment senkrecht nach oben.

Die Sonne stand direkt über mir. Feines Geäst und Blattwerk verdeckten sie zum großen Teil und lösten ihr Licht auf, das mich in wenigen dicken und, wie mir schien, fast greifbaren Strahlenbündeln erreichte. Dort oben, wo das Licht eindrang, sah ich es in allen Nuancen der Helligkeit tanzen und flimmern.

In derselben Sekunde war ich von diesem Licht erfüllt. Auch wenn ich es damals natürlich nicht so ausdrücken konnte, spürte ich, dass mir hier eins der großen Geheimnisse begegnete. Ich hätte keinen Grund dafür angeben können, warum plötzlich ein so süßes Gefühl meinen Körper durchzog und warum ich jenseits äußerer Umstände so unbeschreiblich selig war *zu sein*.

Die Erinnerung an diese Lichtminute hat mich mein Leben lang nicht verlassen, sie tauchte immer wieder unerwartet in mir auf. Die Sonne hatte mir etwas mitgeteilt, dem ich noch heute auf der Spur bin.

Solche hinter normalen Naturvorgängen verborgenen Verzauberungen haben meine Leserinnen und Leser sicherlich auch schon erlebt. Aber vielleicht lassen sie diese Begegnungen mit der Sonne in Zukunft weniger von sich abgleiten, sondern nehmen sie bewusst in sich auf. Solche wahrhaften Abenteuer der Seele bedürfen keiner Vorbereitungen und keiner Zeremonien, sondern nur eines allzeit empfangsbereiten Herzens. Wie bei so vielem im Leben spielt auch hier das Erkennen des Augenblicks die entscheidende Rolle.

KAPITEL DREI

Erscheinungsformen des Lichts: Das Licht des Menschen und das andere Licht

Sehnsucht nach dem Licht jenseits der Grenzen

Wenn die von den Wortführern des Zeitalters zusammengehämmerten und -geschwätzten Lebensformen nichts eindeutig Gültiges mehr enthalten, beginnt in den Menschen, denen das nicht genügt, die subjektive Sehnsucht nach einem Licht jenseits der Grenzen ihre Macht zu zeigen. Viele verlassen das Kollektiv, nicht selten auch das Gehäuse ihrer Religion, und gehen auf die Suche. Oft fehlt ihnen jedoch der Mut oder die Kraft, sich auf die Seite des Lichts im Inneren und auf der Welt zu schlagen, und so bleibt ihnen von ihrem wirklichen Leben nichts als die Sehnsucht. »Unser wahres Leben«, sagte der irische Dichter Oscar Wilde (1856–1900), »ist so oft das Leben, das man nicht führt.« Dieser »man« möchten wir nicht gerne sein.

So wenig wie Wein gleich Wein ist (um das zu wissen, muss man kein Kellermeister sein), so wenig gleicht eine Existenzform des Lichts der anderen. Es gibt davon erstaunlich viele, nach Art, Entstehung und Wirken unterschiedliche Phänomene. Wollte man sie alle zusammen in den geistigen Mixer werfen, durcheinander quirlen und das Gemisch

wahllos zu diesen oder jenen Gelegenheiten ein- und aus-
schenken, wäre man bei allem auch noch so gut gemeinten
spirituellen Arbeiten nicht weiter als in der nächsten
Kneipe.

Wenn man nicht gerade zu den Begnadeten gehört, die
der Weltgeist im Strahlenglanz des von ihm ausgesandten
Lichts wandeln lässt, muss man sich, ganz gleich wie lebhaft oder still es im eigenen Gehirn zugeht, schon bemühen.
So ungern das die Frauen und Männer auch hören mögen,
die glauben, dass Denken unspirituell sei, und die bei jeder
Gelegenheit gern sagen »Ach, das mache ich rein intuitiv«:
Das Wissen um die Hintergründe und die Methoden, es in
praktischer geistiger Arbeit anzuwenden, gehören nun einmal dazu. Häufig kommt die Intuition nicht vor der Kennt-
nis, sondern danach.

Der besseren Übersicht halber sind hier in einer Abbildung
die verschiedenen inneren und äußeren Erscheinungsformen dargestellt, unter denen sich der Begriff »Licht« präsentieren kann. Von ihnen gehen wir auch in diesem Buch
aus. Niemand braucht zu befürchten, hier mit einer verwir-
renden Vielfalt von Aspekten konfrontiert zu werden, die
in einer scheinbar so klaren Sache wie dem Licht enthalten
sind. Aus dem jeweiligen Textzusammenhang geht immer
logisch und mühelos hervor, um welchen dieser Aspekte es
sich gerade handelt.

Nun folgen einige Erläuterungen und Aufschlüsselungen
zu dem, was unsere Abbildung in geraffter Form zeigt.

Der Weltgeist, reines Licht in Urform	
Das kosmische Licht (Prana)	
Das Licht der Sterne	
Das Astrallicht	Die Erleuchtung
Das Sonnenlicht	Das Aufleuchten
Das Mondlicht	Das innerlich-äußere Licht
Licht durch Flammen, Feuer	Das innere Licht
Elektrisches Licht	Die Aura
Das andere Licht	**Das Licht des Menschen**

Das andere Licht

Dies ist das Licht, dessen Quellen außerhalb des Menschen liegen und von ihm meist unabhängig sind. Nur scheinbar trifft es lediglich unsere Oberfläche. Seine geheimen Kräfte durchdringen uns jedoch ganz und treten in Wechselwirkungen ein mit dem *Licht in uns* und mit dem Licht, das wir wiederum ausstrahlen.

Elektrisches Licht

Vom Menschen auf technischem Weg geschaffen, dient es der praktischen Beleuchtung seiner Außenwelt. Nur durch spezielle Effekte – etwa im Theater oder im Film – vermag es tiefere Suggestionen und Geheimnisse vorzutäuschen, die aber in Wirklichkeit Illusionen sind. Das soll nicht heißen, dass das elektrische Licht dem Menschen nicht auch für Höheres dient. Sein Wert entspricht der Art seines Einsatzes. Ein Flutlicht bei einem nächtlichen Fußballspiel im Riesenstadion etwa macht die Freisetzung anderer Kräfte möglich als der Schein einer Lampe im Zimmer, der einem Leser den Weg in die Zauberwelten eines ungewöhnlichen Buchs beleuchtet.

Licht durch Flammen

Ohne Feuer gäbe es keine Flammen und also kein natürliches Licht. Doch kennen wir noch ein Feuer, das der Mensch zu anderen Zwecken brennen lässt: etwa zum Heizen, zum Kochen, zum Umwandeln des Wassers in Dampf, zum Schmelzen und überhaupt zur Hitzeeinwirkung auf Materialien und Gegenstände. Auch wenn man das Feuer nicht zur Beleuchtung verwendet – das Licht und seine Energie sind immer dabei.

In der griechischen Sage hörten wir von Prometheus, der den Göttern das Feuer stahl, um es den Menschen zu bringen, und der dafür von Zeus schrecklich bestraft wurde: Er wurde an einen Felsen geschmiedet, und jeden Tag kam ein Adler und frass seine Leber, die immer wieder nachwuchs. Ich glaube, dass Prometheus diese grausame Strafe nicht nur erdulden musste, weil er den Göttern das Feuer, sondern auch weil er ihnen mit dem Feuer das Licht gestohlen hatte.

Das Mondlicht

Vom Mondlicht gehen, spürbarer als bei allen anderen Himmelskörpern, magische Kräfte aus, das erkennen nicht nur Verliebte. Im Mond nur einen leblosen und trägen Trabanten zu sehen, der kein eigenes Licht erzeugt, sondern es sich von der Sonne holt, hieße seine verborgene Macht gewaltig und gefährlich zu unterschätzen. Auch wenn wir es uns vielleicht nicht bewusst machen, so fühlen wir doch die magischen und zuweilen recht unheimlichen Wirkungen des Mondes, besonders in den Vollmond- oder Neumondnächten. Die Tatsache, dass die Astronauten im Licht des Mondes auf seiner Oberfläche herumstiefelten und summa summarum erklärten, »da ist nichts«, besagt nur, dass für sie und ihre wissenschaftlichen Wundergeräte das Eigentliche nicht erkennbar wurde.

Das Sonnenlicht

Ohne das Licht der Sonne gäbe es, wie wir alle wissen, kein Leben auf der Erde. Mit ihren Strahlen kommt nicht nur die Wärme zu uns. Ihr Licht birgt außerdem noch eine Vielzahl unerforschter Bestandteile, geheimer Wirk- und Aufbaustoffe auch geistiger Art für alles, was auf der Erdoberfläche existiert. Auch die Tatsache, dass es in den Tiefen des Ozeans und unter der Erdrinde Wesen gibt, die nie einen Sonnenstrahl sahen, ändert nichts daran. Obwohl das

Licht der Sonne nicht zu ihnen vordringt: Die Energien, die dieses Licht mit sich führt, erreichen auch sie.

Das Astrallicht

Das Astrallicht hat, im Gegensatz zu seinem Namen, die Eigenschaft, nicht oder nur »auch« zu leuchten. Es ist auch unter den Bezeichnungen Astralplan oder Astralebene bekannt, Paracelsus (1493–1541) nannte es das siderische Licht. In Wirklichkeit – sofern man dieses Wort hier anwenden darf – ist das Astrallicht in mehrfacher Hinsicht ein Zwischenreich.

Auf jeden Fall ist es eine dem normalen Auge unsichtbare Region, die unsere Erde und sicher auch andere Himmelskörper umgibt und weit über sie hinausreicht. Dorthin steigen von der Erde aus die Taten, Gedanken und Wünsche der Menschen auf und gewinnen meist fluktuierende Gestalt. Während die positiven Auswirkungen des menschlichen Seins höher steigen, Himmeln entgegen, stürzen die negativen zurück zur Erde. Dieser Ausscheidungsprozess findet schon in den niederen Sphären des Mondes statt. Gleichzeitig kommen durch die oberen Mondsphären die guten Einflüsse aus höher entwickelten Welten und höheren Ordnungen zu uns.

Das Astrallicht ist nicht nur ein astrales Reich für die Taten und Gedanken der Menschen, sondern auch für ihre Seelen, wenn diese nach dem Tod den Körper verlassen haben. Begriffe wie »Fegefeuer« oder »Sommerland« sind hierfür geprägt worden. Für die Dauer ihres Aufenthalts im Interregnum des Astrallichts gelangen die menschlichen Seelen in eine fast konkrete Situation, die dem entspricht, was sie im Erdenleben um sich herum und in sich geschaffen haben. Die Bösen werden böse Nachbarn finden, die Liebevollen liebevollen Umgang, die Betrüger werden weiter sich und andere betrügen und betrogen werden, die Lauen werden unter Gleichgültigen erstarren. Alle Religionen wissen um dieses Zwischenreich, auch wenn sie viele verschiedene Namen für unser Astrallicht haben.

Das Licht der Sterne

Das Licht der Sterne ist, wie das der Sonne und des Mondes auch, Träger und Vehikel ganz besonderer Energien auf vielen Ebenen. Schon wenn wir mit dem bloßen Auge in den Nachthimmel schauen, erkennen wir, dass jeder Stern auch von seinem Farbwert her eine eigene Nuance besitzt. Da glimmert der eine in einem rötlichen Schein, ein anderer kommt uns eher hellblau vor, violett, grünlich oder gelb, oder er strahlt in einem auffallend kalten schneeweißen Licht.

Die Wissenschaftler haben versucht, uns zu erklären, woher diese unterschiedlichen Farbstrahlen kommen. Möglicherweise liegt es daran, dass der eine Planet von Schwefeldünsten umgeben ist, während die Gebirgsmassive auf der Oberfläche des anderen gewaltige kupferartige Einschüsse enthalten. Wir, die wir uns lieber mit den geistigen Seiten der Phänomene befassen, bleiben bei solchen Deutungen unbefriedigt.

Seit vielen tausend Jahren beschäftigen sich die Astrologen mit den Einflüssen, welche die Sterne und ihre Konstellationen auf die Menschen vor und bei ihrer Geburt und während ihres Lebens haben. Mit dem Licht der Sterne als ihrem ersten Energieträger oder gar mit seinen Farbwerten rechnen sie dabei nicht. Hier ist noch ein neues Gebiet von wahrhaft kosmischen Ausmaßen zu erforschen.

Viele Menschen glauben, dass die Sterne ihre Einflüsse auf uns nur nachts ausüben. Doch sind wir tagsüber den stellaren Kräften genauso ausgesetzt, denn die Sterne stehen immer am Himmel, auch wenn wir wegen der Sonne sie und ihr Licht nicht sehen.

Das kosmische Licht

Für die Hermetiker und damit auch für uns ist das kosmische Licht das magische Agens, in dem der gesamte Kosmos schwebt. Dem normalen Auge nicht sichtbar, ist es die universelle Lebenskraft, die alle geschaffenen Welten und die Leeren zwischen ihnen verbindet und im Sein erhält, sie verwandelt und – wenn sie sich ihm entzieht – verschwinden lässt. Begrifflich erkennen wir das kosmische Licht wieder in manchen Fluidum-, Äther-, Od- oder Prana-Vorstellungen. Doch ist das Wesen des unsichtbaren kosmischen Lichts gar nicht so kompliziert, wie es manche über diese anderen Begriffe angestellten Untersuchungen erscheinen lassen.

Die Bedeutung des kosmischen Lichts leiten wir von einem Gesetz des Weisen Hermes Trismegistos – vielleicht ein Halbgott – ab, der im 3. Jahrhundert vor Christus in der ägyptischen Stadt Hermopolis gelehrt haben soll. Dieses Hermetische Gesetz besagt: »Der Weltgeist ist in allem; alles ist im Weltgeist.« Da aber geschaffene Wesen, Welten und Phänomene nicht direkt im Ungeschaffenen, das heißt im Göttlichen existieren können, befinden sie sich in dem, was unmittelbar und allmächtig von diesem als Erste seiner Schöpfungen ausstrahlt – im kosmischen Licht. Dieses hält, wenn man so sagen darf, die Welten und ihre Zustände zusammen. Ohne das kosmische Licht würden sie in alle Richtungen des Nichts auseinander fliegen.

Der Weltgeist, reines Licht in Urform

Der Weltgeist ist reines, abstraktes Licht in seiner Urform, so wie er reiner Klang ist, reine Energie, reiner Geist, reines und ewiges Sein. Mit ihm und seiner leuchtenden Macht können wir nur indirekt durch die Mittler seiner Hierarchien in Verbindung treten. Ein Mensch, dem es gelänge, das göttliche Licht direkt zu schauen, würde von ihm verzehrt und könnte nicht mehr zur Erde zurückkehren.

So erging es, der Überlieferung nach, Henoch, Noahs Urgroßvater, der 365 Jahre alt wurde: »Nachdem er ein göttlich Leben geführt, nahm ihn Gott hinweg, und er ward nicht mehr gesehen.« Das heißt, Henoch hatte sich dem Licht des Weltgeists so weit genähert, dass dieser ihn nach seinen eigenen Gesetzen bei sich behalten musste.

Kabbalisten glauben, dass Henoch als Erzengel Metatron über Kether herrscht, die oberste der zehn Sphären des Baums des Lebens, der zehn verschiedenen Kraftquellen, die das Universum regieren.

Das Licht des Menschen

Die Aura

Die Aura ist das individuelle Kraftfeld, das jeder Mensch ausstrahlt und das ihn also umgibt. Ihre Stärke wie ihre Ausdehnung entsprechen der Energie, die von dem jeweiligen Menschen ausgeht. Diese aufgewandte oder auch latente Energie hängt natürlich wiederum eng zusammen mit der individuellen Situation und der augenblicklichen geistig-körperlichen Verfassung. Leute, die eine bestimmte Veranlagung oder eine Spezialkamera besitzen, können das Wesen der Aura ihrer Mitmenschen daran feststellen, wie und in welchen Farben sie leuchtet. Jede Farbe charakterisiert einen bestimmten inneren Zustand.

Menschen mit einer kräftigen Aura sind meist das, was man im Allgemeinen eine starke Persönlichkeit nennt. Doch ist das keineswegs auch immer gut oder angenehm und für die Umwelt zuträglich. Wie bei so vielem auf der Welt und hinter ihren Kulissen zählt hier weniger die Quantität als die Qualität.

Das innere Licht

Das innere Licht ist nicht, wie der Begriff vermuten lässt, der Widerschein einer seelischen Beleuchtungsanlage, sondern eher ein fast gedankenfreier innerster Zustand. In ihn sind, sich vermengend, wie in ein Bassin die Werte eingeflossen, die wir durch unsere geistigen Arbeiten geschaffen und entschlackt haben: die Kardinaltugenden Stärke,

Liebe, Weisheit und ihre Erscheinungen wie Güte, gehobene Gelassenheit, Furchtlosigkeit, innerer Friede und Heiterkeit, Harmonie schlechthin.

Ohne es direkt selbst zu sehen, wissen wir, dass das innere Licht in uns leuchtet. Hell ist es trotzdem, wir spüren es als eine emotionsfreie Empfindung eines glücklich und leicht machenden Schimmers. Insofern ist der Ausdruck inneres Licht durchaus berechtigt.

Das innere Licht lässt sich im menschlichen Gesicht erkennen: im eigenen und in den Gesichtern anderer Menschen, denen man begegnet. Wer das innere Licht in sich hat, ist deshalb noch nicht erleuchtet. Aber ohne das innere Licht wird man auf die Erleuchtung vergebens warten.

Das innerlich-äußere Licht

Dieser Begriff ist nur scheinbar widersprüchlich. In Wirklichkeit drückt er genau das aus, was es ist: die Außenwelt, gesehen durch die verändernde Optik des inneren Lichts. Für andere unsichtbar, ist beispielsweise für einen Menschen die Freundin oder der Freund in einen Rosenschimmer getaucht, oder über der ganzen Landschaft liegt ein Glanz von Gold. Einem wunderbaren Beispiel hierfür werden wir in Kürze in diesem Buch begegnen.

Fast immer geschieht diese Verwandlung der Außenwelt im Lichtwert und in den Farbtönen so schwach nuanciert, dass wir sie – unaufhörlich beschäftigt, wie wir sind – nicht wahrnehmen. Aber wir sollten besser darauf achten.

Das Aufleuchten

Vielleicht ist das Aufleuchten eine Vorstufe, zumindest jedoch ein Hinweis auf die Möglichkeit der Erleuchtung. Oft kommt es bei geschlossenen Augen nachts, wenn wir still und wach auf dem Rücken liegen. Nicht selten gehen diesem Phänomen süße, von den Füßen zum Kopf ziehende Gefühle voraus. Plötzlich wird es hinter unseren geschlossenen Augenlidern hell, und das Licht zieht weiter durch uns und in unsere Tiefen, aus denen es auch selbst kommt. Dann blättern unsere letzten Gedanken von uns ab, und wir wissen etwas, das wir weder in diesem Augenblick noch später benennen können. Das mag Sekunden dauern oder Minuten.

»Gelegentlich wird ihm (dem Menschen) das Aufleuchten gegeben, gelegentlich wird es von ihm geschaffen«, schreibt Paul Brunton in dem aus Tagebuchnotizen zusammengestellten Buch *Das Ich und die Wiedergeburt*. Und in seinem Buch *Vom Ich zum Überselbst* heißt es: »Was man in diesen wunderbaren Minuten empfindet, ist in Wirklichkeit ein fernes Echo aus einer höheren, göttlicheren Welt. Das Echo verklingt und schwindet, nicht aber sein Ursprung. Eines Tages, bald oder spät, fängt er es vielleicht wieder auf, und diesmal mag er von der Herrlichkeit lernen, die insgeheim in ihm schlummert.«

Die Erleuchtung

Um etwas aus so jenseitigen Höhen und aus unseren Tiefen Kommendes auch nur halbwegs erkennbar darzustellen, sind analytische und dogmatische Schilderungen ungeeignet. Annäherungen sind jedoch möglich, wenn sie noch im Überschwang aus dem Mund der Betroffenen kommen – oder der Feder eines Dichters entstammen.

Wie die Erleuchtung eintreffen kann, schildert der österreichische Schriftsteller Robert Musil (1880–1942), der sich selbst gewiss nicht als Spirituellen ansah, in seinem riesigen Romanfragment *Der Mann ohne Eigenschaften*, wenn er von den Mystikern spricht:

Sie sprechen von einem überflutenden Glanz. Von einer unendlichen Weite, einem unendlichen Lichtreichtum. Von einer schwebenden »Einheit« aller Dinge und Seelenkräfte. Von einem wunderbaren und unbeschreiblichen Aufschwung des Herzens. Von Erkenntnissen, die so schnell sind, dass alles zugleich ist, und die wie Feuertropfen sind, die in die Welt fallen. Und anderseits sprechen sie von einem Vergessen und Nichtmehrverstehn, ja auch von einem Untergehn der Dinge. Sie sprechen von einer ungeheuren Ruhe, die den Leidenschaften entrückt ist. Einem Stummwerden. Einem Verschwinden der Gedanken und Absichten. Einer Blindheit, in der sie klar sehen, einer Klarheit, in der sie tot und ungeheuer lebendig sind. Sie nennen es ein »Entwerden« und behaupten doch, in vollerer Weise zu leben als je: Sind das nicht, wenn auch von der Schwierigkeit des Ausdrucks flimmernd verhüllt, dieselben Empfindungen, die man noch heute hat, wenn zufällig das Herz – »gierig und gesättigt«, wie sie sagen – in jene utopischen Regionen gerät, die sich irgend- und nirgendwo zwischen einer unendlichen Zärtlichkeit und einer unendlichen Einsamkeit befinden?!

Ein wesentlicher Punkt der wahren Erleuchtungserfahrung ist hier allerdings nicht angesprochen: die Dauer. Zwar kann eine an sich wahre Erleuchtung auch wieder erlöschen, sei es durch eigene Schuld oder zu starke äußere Umstände. Aber irgendetwas stimmt dann nicht: Eine wirklich Erleuchtete und ein wirklich Erleuchteter ist und bleibt es.

Bei der Suche nach dem Licht – und das ist im Grunde jede spirituelle Bemühung – haben wir ein Heer von Helferinnen und Helfern zur Seite, die oft gar nicht wissen, dass sie das sind: Künstlerinnen und Künstler und die Kunst in ihren tausend Gestalten. Auf Bildern, in der Musik, auf Bühnen und in Büchern sehen, hören oder lesen wir plötzlich Erkenntnisse vom Wesen der Dinge, die wir in so manchem esoterischen, ja heiligen Buch vergebens suchten.

Denn oft muss man tatsächlich ein Künstler oder eine Künstlerin sein, um in die geheimen Welten einzutauchen und dann das, was Wirklichkeit ist, transparent zu machen und in unsere Begriffe herüberzubringen und auszudrücken. Oft sind es nur ein paar Sätze in einem Buch, womöglich in einem scheinbar ganz anderen Zusammenhang, welche uns eine Erkenntnis liefern, die uns bisher verborgen war.

So kann eine banal wirkende Romanfigur Wahrheiten erfahren oder aussprechen, die einem Philosophieprofessor verschlossen bleiben. Das ist der Grund, weshalb hier so viele Autoren zu Wort kommen, die ein kleines oder größeres Stückchen dessen gefunden haben und sogar schildern konnten, worum es in diesem Buch geht.

Das goldene Erlebnis

Freuen wir uns nun auf das schon angekündigte wunderbare Beispiel für das, was wir »das innerlich-äußere Licht« nannten: die Außenwelt, gesehen durch die verändernde Optik des inneren Lichts. Der Autor des Buchs *Entschleierte Mystik*, Johannes Zeisel, der viele Jahre den Weg von der Magie in die Mystik ging, schildert ein solches eigenes Erlebnis, auch wenn er dabei natürlich nicht die Bezeichnung »innerlich-äußeres Licht« verwendet:

In meiner Nähe lag ein großer, parkähnlicher Friedhof, den ich immer aufsuchte, wenn ich zu meditieren gedachte. Ich meditierte während meiner Spaziergänge. Wenn ich den Zustand vertiefen wollte, wählte ich eine versteckte Bank, die so günstig lag, dass ich gewöhnlich nicht gestört wurde.

Auch an diesem Tag suchte ich sie auf, ohne allerdings zu meditieren. Als ich nachdenklich verharrte, musste ich wohl darüber kurz in einen Versenkungszustand geraten sein. Jedenfalls verbrachte ich einige Minuten unbewusst. Als ich die Augen wieder aufschlug, hatte sich die Welt um mich verändert. Alles um mich strahlte in einem goldenen Licht. Ich saß inmitten der gewohnten Umgebung, aber jeder Grashalm, jedes Blatt, jedes Sandkorn glänzte in einem intensiven Gold. Es war ein Zustand der Verzauberung.

Nach einer kurzen Zeit des Staunens erhob ich mich, um eine größere Sicht zu erhalten. Aber auch die entferntesten Bäume und der Himmel erstrahlten in diesem Glanz.

Ich war fassungslos, weil ich Derartiges noch nie erlebt hatte. Meine Halluzinationen und Imaginationen früherer Zeit erlebte ich bei geschlossenen Augen, in mir selbst, gewissermaßen abgeschlossen von meiner Umwelt. Sie waren Kinder der Dunkelheit. Hier aber war ich hellwach. Die Umgebung war scharf und klar, und die Dinge erschienen in einer plastischen Genauigkeit, die ich vorher nie wahrgenommen hatte.

Die Schritte, die ich machte, spürte ich nicht. Ich schien zu schweben. Der Körper war schwerelos; ich besaß ihn zwar noch, hatte aber den Eindruck, als sei er immateriell. In dieses stille Staunen schoben sich keine überirdischen Visionen, keine jenseitigen Begegnungen. Alles war unberührt und rein und zugleich von einer überwältigenden Transzendenz. Ich spürte: Alles andere war Dunkelheit und Illusion gewesen und der Versuch eines Blinden, die Sonne zu sehen. Jetzt sah ich sie.

Obgleich ich diesem Zustand völlig ausgeliefert war, fühlte ich in ihm ein absolutes Gefühl der Freiheit und Befreiung von all den Dingen, die mich sonst belasteten. Wenn der Himmel eingestürzt wäre, es hätte mich nicht berührt. Nichts existierte noch für mich. In diesem Augenblick wusste ich, dass ich unsterblich war und der Tod nur Täuschung. Jedes Ich-Gefühl war verschwunden, weil Reflexionen dieser Art nicht mehr stattfanden. Es war eine totale, den ganzen Menschen umfassende Veränderung, die sich hier vollzog und an der ich selbst nicht den geringsten Anteil hatte. Es geschah etwas in mir und mit mir, bei dem ich zunächst nur Zuschauer war – aber das Licht, das ich sah, war so stark, dass es mich blendete und den ganzen Bewusstseinsraum ebenfalls. Alle anderen Inhalte wurden dadurch zum Verschwinden gebracht und erwiesen sich als überflüssig.

Diese Verwandlung in leuchtendes Gold mochte vielleicht zehn Minuten gedauert haben, vielleicht auch einiges mehr. Dann trat sie langsam zurück, verblasste nach und nach, hinterließ aber einen goldenen Schimmer über allen Erscheinungen, der wochenlang dauerte. Es war ein sanftes Leuchten, das sich schließlich zur inneren Wahrnehmung reduzierte und mich auch heute noch begleitet. Es ist zur subjektiven Imagination geworden, die ohne eigene Veranlassung jede Wahrnehmung vergoldet.

Vielleicht lag, ohne dass das heute noch berichtet wird, jener goldene Schimmer über der Zeit, die man »das Goldene Zeitalter« nennt. Jener Goldglanz ist – wie ja auch bei Zeisel – nicht nur ein optisches Phänomen, sondern die sichtbar gewordene Offenbarung, »Vergoldung« eines seelischen Zustands, der damals der Seele eines ganzen Zeitalters entsprochen haben mag.

Die künstlichen Pforten der Wahrnehmung

Es hat nicht an Versuchen gefehlt, Trancen, Lichterlebnisse und andere Ausnahmezustände auf künstlichem Weg herbeizuführen, das heißt auch durch Drogen. Berühmt geworden und immer noch viel studiert sind die Versuche, die der englische Schriftsteller Aldous Huxley (1894–1963) mit Meskalin unternommen und unter dem Titel *Die Pforten der Wahrnehmung* genau beschrieben hat. Bei all diesen Versuchen spielt eine geheimnisvolle Veränderung des

Lichts und der Farben eine bedeutende, ja fast ausschlaggebende Rolle.

Mich fasziniert noch mehr das Experiment, das der in Budapest geborene deutsch-englische Autor Arthur Koestler (1905–1983) gemacht und in seinem Buch *Die Armut der Psychologie* geschildert hat. Es ist aufschlussreich, diese künstlich herbeigeführten, psychedelischen geistigen Abenteuer dem goldenen Erlebnis von Johannes Zeisel gegenüberzustellen, das eine echte Erscheinung unprovozierter mystischer Kräfte war. Wer ein Gefühl für Abstufungen, Zwischentöne, Schattierungen besitzt, wird den Qualitätsunterschied zwischen diesen Ereignissen herausspüren.

Arthur Koestler beschreibt seine Wahrnehmungen nach der Einnahme von Meskalin, einer mexikanischen Kakteendroge, wie folgt:

Der Raum sah jetzt, selbst bei geöffneten Augen, ganz anders aus. Die Farben waren nicht nur leuchtender und glänzender geworden, sondern unterschieden sich auch in der Qualität von den vorher gesehenen. Sie lagen jenseits des normalerweise sichtbaren Spektrums, und um sie zu bezeichnen, hätte man neue Wörter erfinden müssen – so würde ich sagen, dass die Wände »brün«, die Vorhänge »dunker« und der Himmel draußen »smarald« waren ... Ein schmaler Streifen der sich drehenden Spule des Tonbandgeräts reflektierte alle paar Sekunden das Licht der Lampe; dieser vorher unbemerkte schwache, unterbrochene Lichtschein am Rande meines Gesichtsfeldes wurde zum kreisenden Lichtstrahl eines Leuchtturms. Dieses Absinken der Reizschwelle und gleichzeitige Ansteigen der Intensität und emotionalen

Bedeutung von Wahrnehmungen ist eines der grundlegenden Phänomene auch des Pilzuniversums. Das unterbrochene Lichtsignal der sich langsam drehenden Spule wurde bedeutungsvoll; es enthielt eine geheime Botschaft.

Bei dieser Ahnung einer geheimen Botschaft bleibt es, ihre Verkündung findet nicht statt. Ganz abgesehen davon, dass Rauschgifte auf die Dauer verheerende Folgen für Körper und Geist haben können, täuschen sich jene, die hoffen, mit ihnen neue, entscheidende Dimensionen aufzureißen. Gewiss verändern Drogen die so genannte Wirklichkeit. Aber was sie ihren Konsumenten bieten, sind letzten Endes nur Bilder, vielleicht auch Symbole ohne Schlüssel, aber keine Inhalte. Für die geistige, die spirituelle Weiterentwicklung sind Rauschgifte nutzlos.

Und auch nach dem Tod ist der Geist des Menschen nur das, was er ohne diese »Medizinen« geworden und in den jenseitigen Zwischenreichen geblieben ist. Das heißt, zwischen den Welten und zwischen den einzelnen Leben eines jeden gibt es keine Spur mehr jener toxischen stimulierenden Drogen. Die Flügel des durch materielle Substanzen entstandenen kurzen Rausches waren Scheingebilde und schwingen längst nicht mehr. Die fortlebende Seele ist ohne pharmazeutische Hilfsmittel nur das, was sie ist.

So schließen wir die Tür nach außen

Die geistige Arbeit mit dem Licht und auf der Suche nach dem Licht führen wir, je nachdem, mit geöffneten oder geschlossenen Augen durch. Es versteht sich, dass man während einer Gehmeditation oder in der Erwartung des Sonnenaufgangs die Augen geöffnet hat. Doch wenn wir versuchen, das innere Licht zu entzünden oder das große geistige Licht in uns herabzuholen, tun wir das meist – und meist besser – mit geschlossenen Augen.

Um Kontakt mit dem großen geistigen Licht aufzunehmen, müssen wir zunächst die äußeren Einflüsse zurückdrängen und versuchen, zu einer inneren Freiheit von unerwünschten Gedanken und Emotionen zu gelangen. Diese Stille lässt sich nicht auf Befehl erreichen, ist aber unerlässlich.

»Wir müssen uns in der Sammlung daran gewöhnen, die Tür nach außen zu schließen und dann in aller Gelassenheit den Weg nach innen, in den Tiefen des eigenen Seins zu betreten«, schreibt K. O. Schmidt in *Meister Eckeharts Weg zum kosmischen Bewusstsein.* »Auf das Schließen der Tür nach außen kommt es an. Denn ehe das nicht geschieht, öffnet sich uns nicht die Pforte nach innen.«

Bevor wir – anfangs durch einen Willensakt und später automatisch – in die Stille sinken können, sollten wir das mit praktischen Methoden üben. In meinem Buch *Magische Kabbala* habe ich beschrieben, wie wir mithilfe des Sekundenzeigers einer Uhr dorthin gelangen können. Hier möchte ich eine andere Verfahrensweise schildern, die Zen-Buddhisten verwenden. Wir können sie, auch wenn wir keine Buddhisten sind, ohne Bedenken übernehmen. Sie hat den Vorteil, dass sie besonders einfach ist und meist beinahe auf Anhieb funktioniert.

Wir setzen uns gerade auf einen normalen Stuhl. Der linke Fuß wird in Knöchelhöhe über den rechten gelegt und et-

was schräg, aber locker auf dem Boden aufgesetzt. Nun legen wir die rechte Hand, mit der Handfläche nach oben, in den Schoß, und die linke Hand, gleichfalls mit der Innenfläche nach oben, in die Handfläche der rechten. Die Kuppen der Daumen sollen sich dabei leicht berühren, wodurch die Daumen und die Handflächen eine Ellipse bilden. Der Kopf ist weder hochgereckt noch gesenkt, sondern geradeaus gerichtet.

Jetzt atmen wir einmal tief ein und verharren kurz mit angehaltenem Atem, und atmen dann normal weiter. Wir beugen den Rumpf mit dem Kopf seitlich weit nach rechts, dann weit nach links, etwas weniger weit nach rechts, etwas weniger weit nach links, ein wenig nach rechts, ein wenig nach links, und sitzen dann wieder gerade. Der Blick kann gesenkt sein, auf nichts Bestimmtes gerichtet. Ich ziehe es vor, die Augen geschlossen zu halten.

Wir beginnen nun, uns auf unseren Atem zu konzentrieren und dabei zu zählen: eins beim Einatmen, zwei beim Ausatmen, drei beim Einatmen, vier beim Ausatmen und so weiter, bis zehn. Dann fangen wir sofort wieder von vorn an, mit eins einatmen, bei zwei ausatmen, wieder bis zehn. Und so fahren wir ununterbrochen fort. Auch jetzt werden wir noch Außengeräusche hören und Lichteinflüsse sehen, wenn wir die Augen offen haben. Sicher werden auch noch Gedanken in uns auftauchen. Aber wenn wir ihnen nicht nachhängen, sind sie beim nächsten Ein- und Ausatmen schon wieder verschwunden. Eines Tages werden sie verschwunden bleiben.

»Der Geist«, sagt der Zen-Buddhist Philip Kapleau zu obigem Verfahren in seinem Buch *Die drei Pfeiler des Zen,*

»wird dabei aus der Knechtschaft aller und jeglicher Gedankenformen, Visionen, Dinge und Vorstellungen befreit, wie heilig und erhaben sie auch sein mögen, und in einen Zustand vollkommener Leere versetzt, aus dem allein heraus er eines Tages seines eigenen wahren Wesens oder des Wesens des Weltalls innewerden kann.« Lichterlebnisse oder gar die Erleuchtung können daraus entspringen.

Die Einsamkeit der Stille und ihre Schwestern

Hier müssen wir einmal eine Zäsur und einen Einschub machen, dessen Bedeutung unser ganzes Buch betrifft. Wir sind nun an einem Punkt angelangt, an dem die in die Welten des Lichts reisenden Freunde glauben könnten, in die Irre geführt worden zu sein.

Denn wie passt das alles zusammen? Wieso soll man sich mit der Sonne verbinden, versuchen, Lichtvorstellungen und Emotionen mit besonderen Symbolgehalten hervorzurufen, Wissen und Energie erfordernde Übungen mit Bewusstheit anwenden, wenn der Weg zur Erleuchtung oder zum gelegentlichen Aufleuchten in und durch die Stille der Leere führt? Und was gibt es für einen Sinn, nach dieser Stille der inneren Leere zu streben, wenn wir uns gleichzeitig bemühen, mit unverdrossen ausgeführten Exerzitien Körper, Herz, Verstand, Imagination, Geist zu stimulieren?

Die Antwort ist einfach: Das eine schließt das andere nicht aus. Denn all die Praktiken, die liebevollen Kontakte mit den Erscheinungsformen des Lichts und die damit verbundenen Sehnsüchte sind – in der Regel, müssen wir hinzufügen – Vorübungen, Voraussetzungen und ständige

Nahrung für ein volles Leben im Licht. Sie führen hin auf das leuchtende Ziel und stärken seine Dauer. Dieses muss nicht das seltene Juwel, eine umfassende Erleuchtung sein. Menschen, die eher bescheiden im Licht leben und den Mantel ihres Lichts auch über ihre Nächsten breiten, sind mehr als genug.

Das Eintreten des inneren Lichterlebnisses wird durch all diese Voraussetzungen begünstigt. Aber wenn es dann kommt, ist es eine Schwester der Einsamkeit der Stille.

Wie die Erleuchtung zu einem Ekel kam

Das reine geistige Licht, in dem die Welten des Alls schweben und aus dem sie ihre Anfänge, ihre Dauer und ihre Energien schöpfen, ist ein Spiegel der kosmischen Intelligenz. Das heißt, es ist ein Prinzip und nicht Gott selbst. Es ist auch das im Sanskrit Dharma genannte Gesetz, nach dem unsere Welt oder zumindest ihr gegenwärtiger Zyklus ausgerichtet ist.

Die Erleuchtung, die schönste Offenbarung des göttlichen Lichts in uns und damit auf Erden, kommt nicht immer zu Menschen, die sie unserer Vorstellung nach verdienen. Bei dem jährlichen Treffen in einem französischen spirituellen Zentrum begegnete meine Frau immer wieder einem jungen Mann, der besonders unausstehlich war. Eigentlich ist das Wort Begegnung nicht ganz zutreffend, denn der harsche Jüngling richtete sein Interesse ausschließlich auf die höhere Hierarchie des Zentrums, auf ein paar hübsche Mädchen und vor allem auf sich selbst. Alle anderen übersah er, oder er sprach sie an, um sie zu belehren und zu tadeln. Man versuchte, auch ihn zu lieben, weil man das im Zentrum eben tat, aber man liebte ihn sozusagen mit zusammengebissenen Zähnen.

Eines Morgens, nach einem Jahr Abwesenheit vom Zentrum, begegnete meine Frau dem jungen Mann wieder. Auf seinem Gesicht lag die Spur eines Lächelns, das nicht von ihm wich und offenbar jetzt zu ihm gehörte. Er winkte ihr schon von ferne zu und lief zu ihr hin und begann ein freundliches, ja herzliches Gespräch. Zwischendurch grüßte er andere, die er in früheren Jahren nie beachtet hatte. Schließlich verschwand er mit einer alten Frau, der er den schweren Rucksack fast gewaltsam abgenommen hatte, um ihn zu ihrem Zimmer zu tragen.

In den ganzen Tagen, die er noch blieb, änderten sich sein Verhalten und sein Aussehen nicht. Immer lag dieser Schimmer eines Lächelns auf seinem Gesicht, immer war er liebevoll und hilfsbereit. Er selbst wurde am meisten für seine Verwandlung belohnt. Man sah ihm an, dass er glücklich war, zu sein, wie er nun war.

»Was wir uns da einreden«, meinte der Mystiker Meister Eckehart (1260–1327): »Wir müssten diese Dinge fliehen und jene suchen, diese Menschen, diese Stätte, diese Weise, diese Richtung, diese Beschäftigung – nein, nicht die Lage oder die Dinge hindern dich …, sondern *du* bist es in den Dingen selbst, der dich hindert: *Deine* Einstellung zu den Dingen ist verkehrt, bei *dir* also setze den Hebel an und lerne dich zu lassen.«

Wir schaffen einen Lichtpanzer
aus den drei Kardinaltugenden

Die richtige Einstellung zu wesentlichen Dingen haben wir, wenn wir unseren Übungen mit dem Licht einen Glauben zu Grunde legen: den Glauben, dass es, wenn wir bereit sind, schon funktionieren wird. Bevor das Licht wirklich zu uns kommt, müssen wir einfach so tun, als komme es oder sei gar schon da. Allein diese Praxis zeitigt bereits wohltuende Wirkungen, denen wunderbare folgen können. Man nennt das auch Magie.

So wollen wir am Schluss dieses Kapitels den bereits vorgestellten Lichtübungen eine neue hinzufügen, die nicht zuletzt auf diesem Glauben beruht.

Nach geistigen Vorarbeiten, durch die wir wie gewohnt in die Stille zu sinken versuchen, stehen wir auf, schließen die Augen und stellen uns als Ideal im Licht vor. Wir imaginieren, wie in unserem Inneren in der Höhe des Solarplexus eine weiß leuchtende Sphäre zu vibrieren beginnt. Langsam steigt aus ihr ein heller Strahl in uns nach oben, vorbei am Kehlkopf, vorbei an der Stelle des dritten Auges zwischen den Brauen, durch die Schädeldecke, bis zwei, drei Zentimeter über dem Scheitel. Dort bildet sich aus dem Strahl eine neue hell vibrierende Sphäre.

Wir atmen tief ein und dann ganz langsam aus. Und während wir ausatmen, sinkt die leuchtende Kugel oder Sphäre an unserer rechten Seite herab, am Kopf, an der rechten Schulter, dem rechten Arm, der rechten Seite bis hinunter zum rechten Fuß. Dort, wo die Sphäre Kopf, Schul-

ter und Arm, Körper, Bein und Fuß berührt, beginnen auch wir hell zu leuchten, und wir wissen, was hier leuchtet, ist das Ideal der Liebe, die uns einhüllt und gleichzeitig von uns ausstrahlt.

Indem die helle Sphäre unter unseren Füßen hindurchgleitet, haben wir ausgeatmet. Während sie an unserer linken Seite hochsteigt und auch diese zum Leuchten bringt, atmen wir langsam ein und spüren wieder und nehmen wahr, wie uns das Ideal der Liebe umgibt. Dann ist die Sphäre zu ihrem Ausgangspunkt über unserem Schädel zurückgekehrt und hat den Kreis der leuchtenden Liebe um uns geschlossen.

Wir warten ein paar Atemzüge und lassen dann erneut die Sphäre in der nun bekannten Weise um uns kreisen und wissen, dass sie uns diesmal mit dem leuchtenden Ideal der Stärke umgibt. Und noch einmal wiederholen wir die Vorstellung von der uns umwandernden Sphäre, die uns bei diesem dritten Mal in das Ideal unserer Weisheit hüllt.

Zwanglos verharren wir dann noch eine Weile, so lange wir wollen oder können, in dem stärkenden Wohlgefühl, das diese Arbeit mit dem Licht schenken kann. Dann kehren wir, von einem unsichtbaren Lichtpanzer aus den drei menschlichen Kardinaltugenden umhüllt, in unser Alltagsleben zurück.

KAPITEL VIER

Im Licht des Feuers: Schamanenzauber im Unlicht und im Flammenschein

Magischer Feuerzauber lockte mich zu den Schamanen

Als meine Frau und mich vor ziemlich vielen Jahren die Lust überkam, den spirituellen Pegasus einmal mit einem ganz anderen Sattel zu reiten, meldeten wir uns zu einem Schamanenlehrgang in Österreich an. An unserem Zielort Golling erfuhren wir, dass der große südamerikanische Schamanenguru, dessen Name an die fünfzig Frauen und Männer hergelockt hatte, nicht zu uns kommen könne. Ein giftiges Tier, wahrscheinlich eine Spinne, hatte ihn im Urwald gebissen, und bei all seiner Schamanenweisheit war es ihm nicht gelungen, sich selbst zu heilen. Im Gegenteil: Es ging ihm täglich schlechter.

Angereist war er trotzdem. Jetzt lag er in Innsbruck im Krankenhaus. Die Ärzte hatten ihm Penizillin gespritzt, was seinen Zustand zunächst noch weiter verschlechterte, denn Mittel der modernen Pharmazie war er in keiner Weise gewöhnt. Seine Anhänger und die Speerträger der alternativen Medizin, die an den klassischen Medizinern kein gutes Haar lassen, auch wenn sie in ganz ernsten Fällen bei diesen dann doch häufig Zuflucht suchen, waren empört. Erst als es dem Schamanen dann doch langsam besser ging und er mit dem Leben davonkam, wurden sie still. Aber zu diesem Zeitpunkt war unser Schamanenseminar schon zu Ende.

Mich hatte offen gestanden die Aussicht, vielleicht bei österreichischem Schnürlregen ein paar Tage lang das Licht der anderen Welten auf Schamanenart in der Natur zu suchen, zunächst nicht allzu sehr gereizt. Aber der Hinweis meiner Frau, dass das Ganze mit einer großen magischen Feuerzeremonie seinen Höhepunkt und Abschluss finden sollte, hatte mich dann doch neugierig gemacht. Denn mit dem Feuer, das ja eine ganz besondere Erscheinungsart und Kraft des Lichts ist, wollte ich gerne ein paar neue Erfahrungen machen.

Bei vielen Völkern galt und gilt das Feuer als kleiner Bruder oder als irdisches Pendant der Sonne. In magisch-religiösen Riten wurde es vor Sonnenuntergang angezündet, und sein Licht leuchtete stellvertretend durch die Nacht, bis die Sonne wieder aufging: So starb die Sonne nie. Eine ähnliche Bedeutung hat auch das ewige Feuer, das noch heute in den Kirchen leuchtet und über das schon die römischen Vestalinnen, Priesterinnen, im Tempel wachten. Auch in den griechischen orphischen Tempeln leuchtete es als Symbol der Sonne, und die Säulen, die es umgaben, stellten die Teile des Universums dar, die der Sonne untertan waren. »Ewige Flammen« als Symbole des ewigen Lichts brennen auch an den Grabmälern des Unbekannten Soldaten.

Ein natürliches Feuer, als Lagerfeuer, im Herd oder Kamin, lässt sich von unseren Blicken nicht fangen. Es ist unmöglich, die flackernden Flammen genau in ihren Konturen zu sehen, da sie sich zu schnell wandeln. Sie erneuern sich selbst. In allen Überlieferungen ist die Flamme ein Symbol der Reinigung, der Erleuchtung und spirituellen Liebe. Sie ist das brennende Abbild des Geistes und der Umwandlung, der Transzendenz – die Feuerseele.

Im Licht des Feuers versinkt das Sein, aus ihm steigt es erneut empor. Das zeigt die Sage des ägyptisch-griechischen Wundervogels Phönix, der sich in seinem Nest aus wohlriechenden Hölzern selbst verbrennt und verjüngt aus der Asche steigt. Das Feuer ist ein Verbindungsweg in die höheren Welten.

Krafttierjagd im *Nagual*, der anderen Welt

Der fast allgemeine Unwille der in Golling versammelten Teilnehmer am Schamanenkursus – schließlich hatte man sie mit einem Star hergelockt, der nun, giftige Spinne hin oder her, nicht kam – erlosch sehr schnell. Sein Vertreter, ein Nordamerikaner, der sich Villoldo nannte, machte seine Sache gut. Und schon bald, nach ein paar Vorträgen und Vorübungen, versammelten wir uns in einem riesigen Raum, um unsere Krafttiere ausfindig zu machen.

Anders als für viele westliche Esoteriker gibt es für den Schamanen keine Vielzahl manchmal geradezu spitzfindig differenzierter diesseitiger und jenseitiger Ebenen. Er kennt lediglich das *Tonal*, die mit den fünf Sinnen wahrnehmbare Welt, und das *Nagual*, in das man nur mit einem sechsten Sinn eintreten kann. Das Nagual ist ein riesiges Reich für alle außersinnlichen Erscheinungen und Wesen, Kräfte, Helfer und Feinde des Menschen und seiner Erde. Ihre

Heerscharen reichen von den Geistern, die über den Gräbern unlängst Verstorbener schweben, weil sie sich von den Körpern noch nicht trennen können, bis hinauf in Manitus Reich. Schamanen gelten als die »Anderweltreisenden«, das heißt Frauen und Männer, welche die körperliche und die geistige Wirklichkeit kennen und mühelos von einer der beiden Welten in die andere hinüberwechseln können.

Im Nagual treiben sich auch die Krafttiere herum, bereit, der Frau und dem Mann, die sie kennen, zu helfen. Jeder Mensch, erfuhren wir von Villoldo, besitzt ein solches Krafttier, vielleicht sogar mehrere. Zunächst ist es allerdings nur potenzieller Art. Denn wenn man es nicht kennt, kann man es nicht rufen. Und wenn man es nicht ruft, wird es natürlich nicht für uns aktiv. Selbst wenn wir wissen, welches unser Krafttier ist, und uns seiner Nähe bewusst sind, dürfen wir nicht ohne Gegenleistung ständig von seiner Hilfe, seiner Kraft, zehren.

Wer häufig die Kraft seines Bären oder die Weisheit seiner Eule in Anspruch nehmen will, soll für sein Tier auch etwas Entsprechendes zum Ausgleich tun. Da muss man schon beispielsweise für die Eule seine Intelligenz selbst durch Studien schärfen oder für den Bären seine Pranken beim Judo üben. Ein Mensch, dessen Krafttier ein Hund ist, kommt nicht umhin, mit und für ihn weite Spaziergänge zu machen, vielleicht sogar in schnellem Tempo. So hoffte ich inständig, bei der Suche nach meinem Krafttier nicht etwa auf einen Windhund oder gar auf eine Gämse zu stoßen.

Welches das eigene Krafttier ist, lässt sich oft herausfinden, wenn man zum Klang und Rhythmus einer primitiven Trommel tanzt. Wir versuchten es zunächst mit einer geführten Imagination. Von Villoldos Worten geleitet, überquerten wir mit geschlossenen Augen in der Vorstellung eine Brücke, die hoch im Bogen über einen Fluss gespannt war, gingen weiter und drangen in einen Urwald ein, ohne uns, wie er uns beschwor, zu fürchten. Irgendwo in diesem Urwald, vielleicht auf einer Lichtung, würde unser Krafttier auf uns warten und sich uns zeigen. Tatsächlich geschah es auch so – meiner Frau, mir und den meisten anderen.

Eine Phantasiereise im Unlicht

Hier muss ich, um wieder eine Verbindungslinie zum Thema unseres Buchs zu ziehen, über das Licht sprechen, das über dieser Phantasiereise mit geschlossenen Augen schien und das eigentlich ein Unlicht war. »Das Licht schien über dieser Reise« ist nämlich schon viel zu viel gesagt. Das heißt, es war nicht dunkel, so wenig wie in einem Traum. Aber eine Lichtquelle, einen Schimmer, ein Leuchten konnte ich dennoch nicht ausmachen. Den anderen erging es, wie ich später erfuhr, genauso. Das Krafttier trat in den Vorstellungsbildern zwar deutlich sichtbar, fast immer farbig und auch in Bewegung auf. Doch war es nicht von einem besonderen Glanz umspielt, kein außerirdischer Lichtschein begleitete die Szenerie. Was immer diese Begegnung bedeuten mochte, irgendeine Art von Erleuchtung war sie jedenfalls nicht.

Wenn ich zwischendurch die Augen öffnete – was ich nicht sollte, aber tat –, konnte ich weder mein eigenes noch die fremden Krafttiere ausmachen. Dagegen sah ich Frauen und Männer, die regungslos, mit einem forschenden Ausdruck im Gesicht ganz still standen, während andere mit geschlossenen Augen langsam umhergingen, ohne sich anzustoßen. Ein Mädchen wand sich am Boden schlangengleich zwischen den vielen Beinen hindurch.

Nur der große friedliche Hund der Veranstalterin des Kurses, der immer mit dabei war und schlief, sprang plötzlich hoch und begann wild, wütend und nicht ohne Angst zu bellen. Er sah wohl die Löwen, Adler, Pumas, Schlangen und anderen Tiere, die aus unseren Vorstellungen hervorgetreten waren und nun auf ihre Art den Raum füllten. Er musste schleunigst hinausgeführt werden.

Später erzählten alle anderen Teilnehmer, welches Krafttier sie wo und wie gefunden hatten. Dass ich von meinem nichts verriet, nahm man mir vielleicht etwas übel. Aber ich besaß damals schon meine Vorstellungen von Magie, und mit Magie hatte dieses Rufen der Krafttiere zweifellos viel zu tun. »Wissen, wagen, wollen, schweigen« lautet die Devise der Magierin und des Magiers. Wenn wir das, was wir in unseren magischen Handlungen tun und erleben, anderen verraten, haben wir das vierte Wort dieser Maxime schon in den Wind geblasen. Jede Magie in eigener Sache verliert ihre Macht, wenn wir anderen Menschen erlauben, mit ihren Gedanken, die ja auch Träger geistiger Kraft sind, in sie einzudringen, sie zu verfremden oder sie gar zu zerstören.

Nur ein junger Mann wollte auch nicht verraten, welches sein Krafttier sei. »Es ist eine weiß-braune Eule«, sagte meine Frau. »Woher wollen Sie das wissen?«, fragte der junge Mann. Etwas zögernd setzte er hinzu: »Es stimmt, Sie haben Recht.« »Ich habe sie eben auf Ihrer Schulter sitzen sehen«, erklärte meine Frau. Merkwürdigerweise wunderte sich keiner von uns dreien besonders darüber.

Die Botschaften der unsichtbaren Welt

Die unsichtbare Welt schickt uns ständig Botschaften durch Tiere, Blumen, Ereignisse, Menschen. Man muss sie lesen, erkennen lernen. Nur zu oft besagen sie in Wirklichkeit etwas ganz anderes als das, was sie zu sein scheinen. Eines der großen Kunststücke im geistigen Leben besteht darin, diese Botschaften überhaupt wahrzunehmen und sie dann richtig zu deuten. Genau das wollen die Schamanen, und das hat mir bei ihnen immer besonders gefallen. Ohne es so zu nennen, versuchen sie, »den Schleier der Isis zu heben«, in die Hintergründe und geistigen Landschaften der Natur einzudringen und dort magisch zu handeln, wenn vielleicht auch ein bisschen zu oft in eigener Sache.

Ich lese immer wieder gern die Passage in *Auf der Suche nach der verlorenen Zeit*, dem Roman des Pariser Dichters Marcel Proust (1871–1922), in der er – das krasse Gegenteil eines Schamanen – der geistigen Doppelbödigkeit der Außenwelt, der Natur und auch des Lichts nachwittert:

Plötzlich ließen mich … ein Reflex der Sonne auf einem Stein, der Geruch eines Wegs stehen bleiben, durch eine besondere Art von Freude, die sie mir schenkten, und auch weil sie jenseits dessen, was ich sah, etwas zu verbergen schienen, das zu erfassen sie einluden und das ich trotz meiner Bemühungen nicht entdecken konnte. Da ich fühlte, dass sich das in ihnen befand, verharrte ich, unbeweglich, um zu sehen, zu atmen und zu versuchen, mit meinem Geist nach jenseits des Abbildes oder des Geruchs zu gelangen.

Und auch danach noch versucht der Dichter, sich genau das Licht auf dem Stein und die anderen Eindrücke zu vergegenwärtigen, »die, ohne dass ich begreifen konnte weshalb, mir mit etwas angefüllt zu sein geschienen hatten, bereit, sich mir zu erschließen, mir etwas preiszugeben, für das sie nur ein Deckel waren«.

Nächtlicher schamanischer Feuerzauber

Am letzten Tag des Schamanenkursus, gegen Abend, wanderten wir alle im Licht einer milden Sonne über weite Wiesenhänge zum Gipfel eines hohen, oben abgeflachten Hügels. Während Villoldo und ein paar Helfer darangingen, mit dem schon bereitliegenden Holz ein Feuer zu entfachen, setzten wir uns auf seine Aufforderung hin einzeln nieder, um den etwa zehn Meter entfernten Waldrand zu beobachten. Wir sollten still sein und warten – zwei sehr schamanische Zustände – und beobachten, ob wir tierische oder menschliche Wesen aus dem Nagual wahrnehmen könnten, die sich für uns im Wald zu sichtbaren Erscheinungen verdichtet hätten. Das geschah nicht. Aber wir erlebten das Phänomen, dass die Zeit fast zeitlos dahinkroch und doch schnell verging.

Als eine Holztrommel zu dröhnen begann, war es Nacht. Wir standen auf, setzten uns in weitem Kreis um das von Zeit zu Zeit Funken sprühende Feuer und versuchten, natürlich vergebens, die Formen der flackernden Flammen genau zu erkennen, um sie zu deuten. Der Mond war nicht zu sehen, aber der Himmel war mit einem Sternenteppich ausgelegt. So verging wieder viel Zeit.

Über die hohen und fernen Zusammenhänge von Licht und Feuer, das uns ja erst durch das Licht sichtbar wird, hat Mikhaël Aïvanhov über die Erde Hinausgreifendes gesagt:

»Das Licht ist das Kleid des Feuers. Und so, wie jede Kleidung materiell ist, kann man sagen, dass das Licht schon Materie ist. Oben, in den himmlischen Regionen, repräsentiert das Licht die Materie und das Feuer den Geist. Deshalb heißt es, dass Gott, der das Urfeuer ist, zuallererst das Licht geschaffen hat, und dass er danach durch das Licht die Welt erschuf. Das Licht ist die Materie der Schöpfung. Vor dem Licht war das Feuer …«

Der Schamane Villoldo begann nun, einen ziemlich dünnen armlangen Zweig ins Feuer zu halten und dann den brennenden Zweig zu löschen, bis seine Spitze nur noch glühte und rauchte. Wer wollte, sagte er, solle nun zu ihm kommen und das Chakra nennen, das Heilung oder zusätzliche Kraft benötige. So stand mal hier, mal dort eine oder einer auf, um sich vor ihn hinzustellen und das Chakra der eigenen Wahl zu nennen. Vor diesem Chakra begann der Schamane, kreisende und auch andersartige Bewegungen auszuführen, wobei die glühende Spitze des Zweiges wenige Zentimeter von dem Chakra entfernt herumfuhr.

Die Männer hatten ganz unterschiedliche Wünsche: Kehlkopfchakra, Nabelchakra (Solarplexus), Stirnchakra, also drittes Auge, Unterleibschakra (Hara) und – etwas verschämt – Wurzelchakra wurden in bunter Folge genannt. Neunzig Prozent der Mädchen und Frauen suchten dagegen Stärke und Hilfe für das Chakra, das in der Mitte der Brust liegt: ihr Herzchakra. Rührung und eine große Zärtlichkeit stiegen in mir auf.

Als ich vor dem Schamanen stand, deutete ich auf die Stelle über meiner Schädeldecke. Dort befindet sich das Kronenchakra, für den Kabbalisten die Sphäre Kether. Das kosmische Bewusstsein zu stärken, ob mit Hilfe von Schamanenzauber oder auf andere Weise, schien mir schon immer eine gute Sache zu sein.

Villoldo zögerte einen Moment. Offensichtlich hatte ich einen hier etwas ausgefallenen Wunsch geäußert. »Head?«, fragte er, »Kopf?« »Ja«, sagte ich. Er nickte befriedigt. Ich sah, wie er den rechten Arm mit der glühenden Zweigspitze in die Höhe hob. Dann sah ich nur noch die Bewegungen seines Oberarms, und ich wusste, dass er nun mit der Glut seine magischen Anrufungen in die Sphäre über dem Scheitelpunkt meines Kopfes schrieb.

Danach saß ich wieder am Feuer, schaute meditierend in die Flammen und nahm nur am Rande, wie abwesend wahr, wie der Schamane seine magische Prozedur mit anderen Teilnehmern fortsetzte. Sie dauerte noch lange, und sicher verbrauchte er noch viele Zweige. Für den Einzelnen nahm sie nur zwei, drei Minuten in Anspruch, aber bei fünfzig Menschen summierte sich die Zeit. Und wieder kroch sie fast zeitlos dahin.

Irgendwann waren die Sterne vom Himmel verschwunden. Als der Schamane und seine Helfer das Feuer löschten und wir aufbrachen, merkten wir erst, wie schwarz die Nacht geworden war. Wir drängten uns um die wenigen, die so klug gewesen waren, Taschenlampen mitzunehmen. Sehr langsam kehrten wir über die weiten Wiesenhänge abwärts zu unseren Quartieren zurück. Niemand sprach ein Wort, und das war gut.

Unten erwartete den jungen Mann, auf dessen Schulter

meine Frau die weiß-braune Eule gesehen hatte, eine dringende Botschaft. Eine der Assistentinnen der Kursveranstalterin war aufgeblieben, um sie ihm persönlich zu geben. In einer unaufschiebbaren Sache musste er sofort, noch jetzt in der Nacht, nach Salzburg kommen. Er machte ein unglückliches Gesicht.

»Ich bin doch in der Nacht am Steuer fast blind«, sagte er.

»Sollen wir Sie hinfahren?«, fragte meine Frau.

Er zögerte einen Augenblick. »Nein, danke. Nein, das muss ich schon selber machen. Vielen Dank.«

Dann sahen wir alle zu, wie er sich sofort in seinen Wagen setzte und zuerst langsam und unsicher, dann aber plötzlich zügig davonfuhr.

Am nächsten Spätvormittag, kurz vor dem Mittagessen, das unser aller Abschiedsessen sein würde, kam er zurück. Er wirkte etwas müde, man sah, ihm fehlte viel Schlaf. Aber trotzdem strahlte er.

»Wie war die Nachtfahrt?«, wollte ich wissen.

»Wunderbar«, antwortete er. »Das können Sie wörtlich nehmen. Wunderbar. Die Straßen mit ihren Geraden und Kurven, andere Fahrzeuge, die ganze Gegend, durch die ich fuhr, alles habe ich gesehen wie am hellen Tag. So eine Nachtfahrt habe ich noch nie erlebt. Wunderbar.«

Meine Frau, er und ich sahen uns lächelnd an. Keiner von uns sprach es aus. Aber wir wussten alle drei: In dieser Nacht war er im Augenlicht der weiß-braunen Eule gereist.

Die sanften Kusinen der starken Flammen

Für die meisten von uns, die wir auf der Suche nach dem Geheimnis des wahren Lichts sind, werden solche Feuererlebnisse wie das mit dem Schamanen immer Ausnahmezustände sein, ganz besonders in der Großstadt. So halten wir uns gewöhnlich lieber an die sanften Kusinen der starken Flammen – die Kerzen.

Eine brennende Kerze vereint alle vier Elemente: das flüssige Wachs (Wasser), den festen Docht (Erde), das Feuer und die Luft, die dieses Feuer unsichtbar nährt. Aus der Vereinigung dieser vier Elemente entsteht das Licht. Ähnlich ist es bei einer Öllampe. Das flüssige Element fehlt bei anderen Feuern, beispielsweise im Ofen, im Kamin, bei einem normalen Gasherd und auch bei der Elektrizität. So ist die Kerze etwas Besonderes. Das spüren die Menschen, die sie stets zu feierlichen Gelegenheiten anzünden, auch zu einer Meditation oder für eine auserwählte Stunde der Liebe, und die nicht wissen oder darüber nachdenken, dass hier durch die Vereinigung der vier Grundelemente Licht entsteht.

Für den ungewöhnlichen Benediktiner Steindl-Rast, dem wir schon im Zusammenhang mit Stonehenge begegnet sind, ist das einsame Anzünden einer Kerze wie ein Gebet:

Allein eine Kerze anzuzünden ist eins meiner liebsten Gebete. Ich meine damit nicht das Lesen von Gebeten bei Kerzenlicht. Die Kerze anzuzünden ist Gebet. Da gibt es den Klang des aufflammenden Streichholzes, den Geruch des Qualms, nachdem man es ausgeblasen hat, die

Art und Weise, in der die Flamme aufleuchtet und dann absinkt, beinahe ausgeht, bis ein Tropfen schmelzenden Wachses ihr die Kraft gibt, zu ihrer richtigen Größe anzuwachsen und gleichmäßig zu leuchten. All dies und die Dunkelheit um meinen kleinen Lichtkreis ist Gebet. Ich gehe dort hinein, wie man einen Raum betritt. Für dieses Gebet ist mein Alleinsein wesentliche Voraussetzung. Die Anwesenheit nur einer anderen Person würde es völlig verändern. Es würde etwas verloren gehen.

Wir tun gut daran, wenn wir unsere Kerzenzeremonien, wie klein sie auch sein mögen, in ein und demselben Raum zelebrieren. Regelmäßige Wiederholungen von geistigen, künstlerischen und heiligen Handlungen laden Räume mit geheimnisvollen Schwingungen auf, die aus unserem Inneren und aus fernen Regionen kommen. Wir können sie als Wesenheiten ansehen oder nur als Energien. Mir gefällt am besten, dass sie beides sind. Im *Zeltbuch von Tumilad* reflektiert Erhart Kästner (1904–1974) in der ihm eigenen poetischen Weise über die durch häufig gleiches Tun »aufgeladenen« Räume:

Da sah man, wie die Umgebungen, die durch die Sinne in unser Inneres schlüpfen, immer wirksam sind, ohne dass man es merkt, und uns spürbar verändern. Wir möchten es leugnen, anstatt uns in die Hand dieser Kräfte zu geben und ihre Winke zu nutzen. Man sollte bemüht sein, in denselben Umgebungen immer dasselbe zu tun, ihre alte Übung liegt sonst ungenutzt da. Wenn man in Räumen liest, deren Wände von Büchern erfüllt sind wie die Waben von Honig, wenn man Gespräche in

Zimmern führt, die schon eingewohnt sind vom Hall verklungener Gespräche, merkt man, wie das hilft.

Kerzenmagie mit und ohne kirchlichen Segen

Heute kann man sich nur noch schwer vorstellen, dass die christliche Kirche in ihren Anfängen gegen den Gebrauch von Kerzen gewettert hat, die schon die antiken Römer kannten. Das seien »heidnische Bräuche« mit »verderblichen Wirkungen« wurde vielfach gepredigt: »Sie zünden Lichter an, als ob ER in der Dunkelheit sei; wenn sie jenes himmlische Licht ansehen würden, das wir Sonne nennen, würden sie begreifen, dass Gott ihre Kerzen nicht braucht.«

Aber diese Ansichten wandelten sich schnell. Schon im 4. Jahrhundert waren Kerzen in den Kirchen gebräuchlich und geschätzt. Die alten Magier unter den Kirchenvätern hatten erkannt, dass das Anzünden und Brennen von Kerzen, besonders im Halbdämmer der heiligen Räume, subtile magische Schwingungen auslöste, welche die Glaubensbereitschaft der Versammelten auf insgeheime Weise zusätzlich kräftigte.

Viele von uns haben schon in der Kindheit Kerzenmagie betrieben. An unseren Geburtstagen brachten uns die Eltern einen Kuchen, auf dem brennende Kerzen steckten – für jedes unserer Jahre eine. Nun mussten wir die Augen schließen und fest und heiß an das denken, was unser größter Wunsch für das kommende Lebensjahr war. Dann öffneten wir die Augen und bliesen die Kerzen nach Möglichkeit mit einem einzigen kräftigen Puster aus. Jetzt würde unser heißester Wunsch Wirklichkeit werden, davon waren wir fest überzeugt, und wir erfüllten damit eine unerlässliche Bedingung für den Erfolg jeder magischen Handlung: Wir glaubten daran.

Aus dem Licht, das eine Kerze verbreitet, und aus der ganzen Art, wie sie brennt, können Auguren ihre Voraussagen lesen. Leo Vinci, Autor von *The Book of Practic Candle Magic*, gibt ein paar praktische Deutungshilfen:

> Wenn eine Kerzenflamme hin- und herwogt, ohne dass eine Luftströmung oder ein Wind zu spüren ist, sagt das eine Änderung der Lebensbedingungen voraus. Eine Flamme, die größer oder kleiner wird, zeigt eine potenzielle Gefahr an. Eine leuchtende Spitze des Dochts ist das Zeichen von Erfolg oder wachsendem Glück, aber wenn sie schwächer wird und stirbt, können dieser Erfolg und dieses Glück von kurzer Dauer sein.
> Scheint die Flamme wie eine Spirale aufzusteigen, dann hütet euch vor den Listen der Intriganten und der treulosen Menschen. Eine knisternde Flamme zeigt eine grenzenlose Enttäuschung an. Wenn die Kerzenflamme plötzlich erlischt, wird ein schwerer oder geradezu tragischer Verlust eintreten. Eine blasse oder schwache Flamme rät uns, dass wir uns bei unseren Nachforschungen oder einem Risiko zurückhalten, denn es ist nicht genügend Licht da, um zu bewirken, dass die Initiative gut vorangeht, vielleicht auch, weil eine Krankheit oder ein Mangel an Lebenskraft hinderlich sind.
> Sammelt sich Wachs rund um den Docht der Kerze an, ist das ein »Schweißtuch«, das den Tod eines Menschen im Haus voraussagt. Manchmal werden mehr als eine

Kerze verwendet, das heißt normalerweise drei, die oft in Form eines Dreiecks aufgestellt sind. Wenn eine von ihnen schneller und lebhafter als die andern brennt, ist ein gutes Schicksal nahe. Brennen dagegen alle drei besonders lebhaft, handelt es sich um einen »Lichtsegen«, ein Vorzeichen allerbester Art.

Wer sich mehr zur magischen Verwendung der Kerzen hingezogen fühlt, findet darüber Bücher, in denen die Autoren auch Zeremonien, Rituale und praktische Anwendungen schildern sowie die Wirkungen, die nach ihrer Meinung davon ausgehen. Ein Gegenstand, der sicher hohe himmlische Magie anzieht, schon seiner vieltausendjährigen sakralen Verwendung wegen, ist der siebenarmige Leuchter: Symbol des Geistes, des göttlichen Lichts, das die himmlische Erkenntnis schenkt. Ganz allgemein sind Kerzen bei der Suche nach dem inneren Licht und der Erleuchtung – ähnlich wie Kristalle oder Edelsteine, Düfte, Farben und Klänge – Arbeitsmittel zur Erreichung des großen Ziels, deren Wirksamkeit von unserem eigenen Einsatz abhängt.

Die wandernde Kerze

Ich begnüge mich damit, zum Abschluss dieses Kapitels eine Übung vorzuschlagen, die in ihrer Zielrichtung über die normalen Kerzenrituale weit hinausgeht. Vielleicht wird sie nicht sofort, sondern erst nach mehrmaligen Anläufen funktionieren. Das soll uns aber nicht stören. Herman Weidelener (1903–1972), ein Steiner-Schüler, der uns – anders als sein Meister – nicht mit solchen Satzungetümen quält, stellt in seinem Buch *Abendländische Meditationen* die folgende Übung vor:

Man nimmt abends eine brennende Kerze, konzentriert sich mit dem Augenlicht ganz stark auf diese Kerze, immer stärker und stärker, und ist nicht zimperlich, auch wenn man etwa Kopfschmerzen bekommt – sie vergehen schon wieder. Man versucht also, die Konzentration zu größtmöglicher Intensität zu steigern, und wird dabei das Bedürfnis entdecken, die Kerze immer weiter von sich wegzurücken. Während man so in einen immer größeren Abstand von der Kerze zu kommen versucht, steigert man fortgesetzt die konzentrative Intensität. Dann kommt plötzlich der Moment, in dem die Kerze aus dem Blickfeld entschwindet.

(Ich muss hinzusetzen, dass dies für den heutigen Menschen sehr kompliziert ist, weil wir alle so subaltern sind, dass wir in dem Augenblick, da die Kerze entschwindet, ihr sofort nachjagen in dem Gefühl: Halt, das darf ich ja nicht! – und damit natürlich den Vorgang stören. Man sollte darauf vorbereitet sein.)

Die Kerze entschwindet also. An der Stelle vorn, an der sie stand, ist nichts mehr. Plötzlich merkt man, dass sie auf beiden Seiten auftaucht. (Es handelt sich dabei um Vorgänge, die auf Grund der Optik und der Augenphysiologie erklärt werden können. Aber eine solche Erklärung ist in diesem Zusammenhang uninteressant; hier geht es um das Zustandekommen dieses Vorgangs.) Nun ist das Objekt, auf das wir konzentriert waren, wie zur Seite getreten. Dass es sich dabei verdoppelt, ist im Augenblick nicht wichtig.

Man wird erleben, wie man plötzlich an der Stelle dieser Flamme ist. *Selbstverständlich erlebt das jeder einzelne Mensch auf seine Weise, denn was damit zum Ausdruck kommt, hängt davon ab, was man an Gedanken und Empfindungen aus seinem Leben mitbringt. Die Kraft, die nun zu wirken beginnt, schafft sich aus dem Material, das der Einzelne bietet, das entsprechende Erlebnis, und das wird bei jedem Menschen ein wenig anders getönt sein.*

Man bekommt eine erste Ahnung von dem, was man Entrückung *nennen kann.*

Das heißt, man ist dem inneren Aufleuchten auf der Spur.

KAPITEL FÜNF

Die Aura,
der äußere Mantel
unseres inneren Lichts

Die Aura, das unsichtbare Porträt des inneren Menschen

An manchen Tagen bemerken wir, dass das, was wir sagen, auf die anderen Menschen keinen Eindruck macht. Unsere Worte überzeugen sie nicht, dringen kaum zu ihnen durch, man hört uns gar nicht zu. Zu solchen Zeiten ist unsere Aura schwach, und unsere Worte, die durch die Aura nach außen gehen und von ihr geprägt werden, haben keine Form, wenig Farbe und keine Kraft.

An anderen Tagen erkennen wir, wie unsere Worte die Menschen sofort berühren, ihnen etwas geben, ihre volle Aufmerksamkeit gewinnen und positive Reaktionen wecken. Jetzt ist unsere Aura stark, und unsere Worte tragen ein Kleid aus dieser starken, schöpferischen Aura.

Hier wiederholt sich in bescheidenem Maß, was bei der Erschaffung der Welt geschah. Mikhaël Aïvanhov schildert es mit einfachen Worten: »Vor der Schöpfung hat Gott um sich einen Kreis aus Licht projiziert, den man seine Aura nennen könnte. Durch diesen Kreis hat er die Grenzen des Universums festgelegt, und nachdem diese Grenzen festgelegt waren, hat er in das Licht seiner Aura Bilder projiziert, die sich materialisiert, kristallisiert haben.«

Auf vielen alten sakralen Gemälden und auch auf Glasfenstern in den Kirchen sehen wir Christus, seine Mutter Maria, seine Apostel oder andere Heilige dargestellt, deren Köpfe ein goldener, weißer oder gelber Lichtkreis umgibt. Man nennt ihn allgemein den Heiligenschein. Durch ihn habe der Künstler symbolisch zeigen wollen, glaubt man, dass der abgebildete Mensch ein Leben in Heiligkeit geführt habe. Aber das ist tatsächlich so eingeengt nicht ganz richtig. Der »Heiligenschein« auf jenen Bildern symbolisiert in Wirklichkeit das Licht, das jeder Mensch ausstrahlt und das dem normalen Auge unsichtbar bleibt: die Aura.

Die Maler jener Zeit wussten schon, dass sie für diesen Auraschein die Farben zu wählen hatten, die auf ein spirituelles, gottgefälliges Leben der Abgebildeten hinwiesen, und das sind eben Gold, Weiß oder Sonnengelb. Um gar keinen Zweifel aufkommen zu lassen, dass sie die Aura der dargestellten Figuren meinten, umgaben manche frühen christlichen Maler nicht nur die Köpfe, sondern die ganzen Gestalten mit jener Hülle aus Licht, wie das bei der wirklichen Aura der Fall ist.

Dabei ist der Heiligenschein keineswegs eine ausschließliche Erfindung oder Erkenntnis des Christentums. Auf Bildern der frühen persischen und indischen Maler wird die hohe Lebensart von Menschen ebenfalls durch einen »Heiligenschein«, die Aura eben, dargestellt.

Das, was wir im Sammelbegriff »die Aura« zu nennen pflegen, besteht eigentlich aus mehreren übereinander liegenden oder leuchtenden Auren ganz verschiedener Art. Ohne mit anderen Autoren konkurrieren zu wollen, die das im Detail oft recht unterschiedlich sehen, seien hier nur die für unser Thema wichtigen Auren genannt:

– *Die ätherische Aura*, die wir der Einfachheit halber mit dem Ätherkörper gleichsetzen. Sie liegt direkt über Körper, Kopf und Gliedmaßen. Im Ätherkörper wird das vorgezeichnet und vorgeformt, was dann später mit dem physischen Körper geschieht. Hellsichtige Heiler können so Krankheiten erkennen, bevor diese körperlich zum Ausbruch kommen, und ihnen schon frühzeitig entgegenwirken.

Dabei regelt der Ätherkörper nicht nur die physischen Funktionen des Leibes. Er nimmt auch Lebensenergie aus der Sonne und dem Kosmos auf, das indische Prana, dazu Energien von Mond und Erde, und gibt sie an den physischen Körper weiter.

– *Die Fühlen-und-Denken-Aura*, die man in gebildeten esoterischen Kreisen auch die mentale und emotionale Aura nennt, ist die Ausstrahlung der beiden fast pausenlos in uns ablaufenden unkörperlichen Vorgänge, eben des Denkens und der Gefühle. Während die ätherische Aura nur knapp über dem Körper liegt, geht die Fühlen-und-Denken-Aura weiter, bei geistig entwickelten Menschen über einen Meter weit darüber hinaus.

– *Die spirituelle Aura*: Sie ist der Ausdruck und die Strahlkraft des geistigen Wesens eines Menschen, das man ruhig auch mit Seele bezeichnen darf. Sie umgibt den so genannten Normalmenschen im Umkreis bis zu etwa einem Meter über den physischen Körper hinaus. Die Aura Buddhas, sagt man im Fernen Osten, habe eine Dimension von zweihundert Kilometern besessen. Unsere trotz allem so schöne Heimat, unser Planet Erde, meint man dort auch, ziehe in der Aura eines sehr großen Wesens ihre Bahn.

Sicher kann man auch die menschliche Aura noch weiter unterteilen, doch bringt uns das hier wenig. Auch so wissen wir, dass unsere Aura ein Ausdruck jenes geheimen Energieflusses ist, der die Reiche unseres inneren Seins durchströmt und beeinflusst, der von außen und oben und von ferne in uns einstrahlt und wirkt, und der aus unserem Inneren und Innersten hinausstrahlt.

Aura-Vampire und wie man sich gegen sie schützt

Bei rundherum gesunden Menschen weist die ätherische Aura eine makellos leuchtende, geschlossene Oberfläche auf, die man ein wenig kühn »Haut« nennt. Aber dieses makellose Licht der Aura ist selten. Sehr häufig zeigt sie Unterbrechungen, Risse, was Hellsichtige, wie sie sagen, gut sehen können. Diese Risse bringen für den betreffenden Menschen kräftezehrende Schäden mit sich, durch sie fließt Lebenskraft aus.

Meist ohne es selbst zu wissen, sind diese durch eine schadhafte Aura geschwächten Frauen und Männer ständig auf der Suche nach Ressourcen, durch die sie die Verluste ihrer inneren Kräfte ausgleichen können. Diese Ressourcen, Energien, holen sie sich von ihren Mitmenschen.

Wir alle haben Bekannte, vor deren Besuchen wir uns fürchten, obwohl sie weder bösartig noch langweilig noch unsympathisch sind. Aber die Begegnungen mit ihnen schwächen uns, meist ohne dass wir benennen können, woran das liegt. Tatsache ist: Es liegt daran, dass diese lieben Leute geistige Vampire sind, die wegen ihrer schadhaften Aura an Energiemangel leiden und diese Energien bei ihren Mitmenschen abzapfen, wo sie sie nur kriegen. Oft sagen sie uns, die wir uns plötzlich ein bisschen elend und schwach fühlen, beim Abschied direkt: »Das Gespräch mit dir hat mir gut getan. Bevor ich dich traf, fühlte ich mich irgendwie scheußlich. Jetzt geht es mir viel besser.« Wir wissen leider nur zu gut, warum.

Wenn man spürt und erkennt, was da abläuft, kann man sich natürlich dagegen wehren. Wenn mich jemand in die Erzählungen von Leidensgeschichten so tief hineinzuziehen versucht, dass ich selbst ein Teil dieses Leidens werde, bemühe ich mich, einen klaren Abstand zu wahren. Das hat nichts mit mangelnder Zuwendung zu tun. Immer gut ist es, in der eigenen Vorstellung die Gesprächspartner in Licht zu hüllen. In besonders hartnäckigen Fällen, wenn jemand allzu sehr darauf aus ist, mich anzuzapfen wie ein geistiges Bierfass, stelle ich einen großen imaginären Spiegel vor mich, und zwar so, dass mein Gegenüber in die spiegelnde Fläche sieht. So reflektiert das, was uns Kräfte rauben sollte, auf den Verursacher zurück.

Die Wirkung dieses Spiegeltricks habe ich selbst zu hören bekommen. Erstaunlich schnell gerieten die Aktivitäten der bedauernswerten geistigen Vampire ins Stocken. Die Gesprächspartner wurden ungnädig und gingen bald davon. »Heute bist du aber gar nicht nett gewesen«, sagten sie zum Abschied. Und auch in diesem Fall wusste ich genau, warum.

In seiner Erzählung »Besuch auf Godenholm« beschreibt der Dichter Ernst Jünger (1895–1998) das Gegenteil eines Aura-Vampirs, einen Mann namens Schwarzenberg, der eine wunderbare Aura besessen haben muss, auch wenn Jünger es nicht wörtlich ausspricht:

Die drei Auren des Menschen

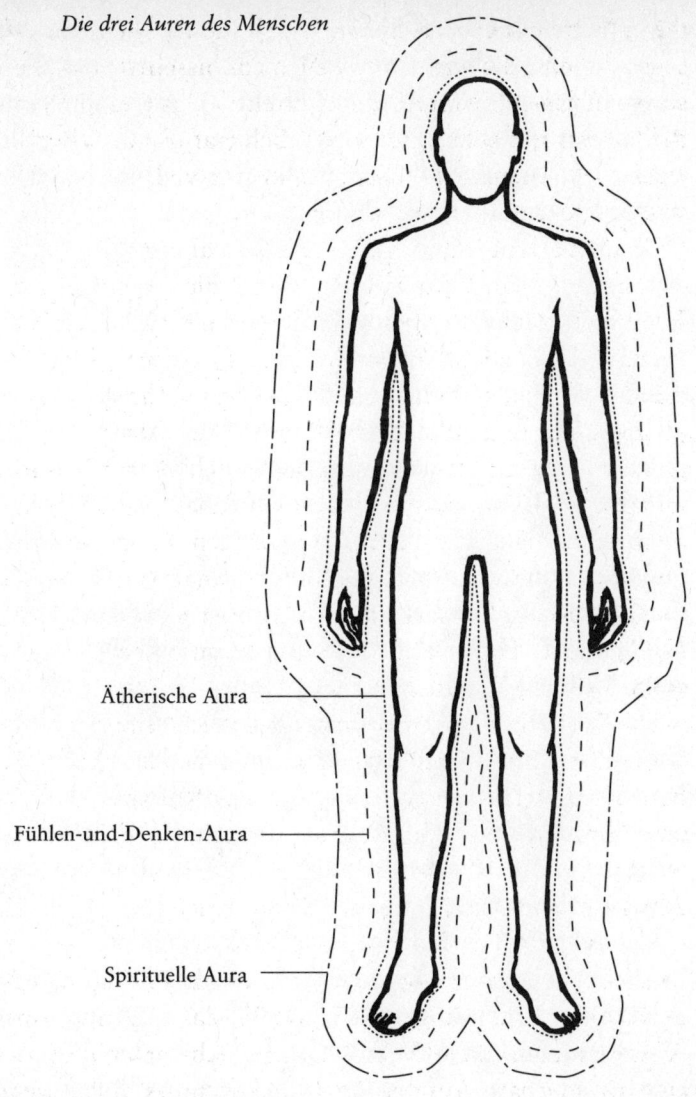

Ätherische Aura

Fühlen-und-Denken-Aura

Spirituelle Aura

»Es mochte vorkommen, dass er an fremden Orten, als Unbekannter, vielleicht in einem Buche lesend, die Aufmerksamkeit auf sich zog. Die Gespräche verstummten; es bildete sich ein Kreis wie um ein Licht, das stärker und stärker zu leuchten beginnt, bis an die Grenzen des Erträglichen, und dann abklingend erlischt.«

Das Astrallicht, die Aura der Erde

Auch unsere Erde besitzt – wie sicher viele andere Himmelskörper – ihre Aura, die man Astrallicht nennt. Die auffallendste und sicher beunruhigendste Eigenschaft des Astrallichts für alle, die es wahrnehmen können, ist seine Veränderlichkeit. Fluidisch, das heißt ineinander fließend, nimmt es tausend Formen, Gestalten und Gesichter an, die sich bilden, sich durchweben, sich auflösen, in neue Gestalten und Formen hinüberschwimmen. Es sind die oft nur einen Moment lang Resultat gewordenen Einflüsse emotionaler oder mentaler Art, also des Denkens und der Gefühlsäußerungen und Gefühlsausströmungen der Milliarden Menschen und sicher auch von Tieren, Pflanzen und anderen Wesen. Hier, im Astrallicht unserer Erde, erklingen auch die vom Menschen produzierten Töne und erhalten vorübergehend Gestalt.

Gedankenformen solcher Art entstehen gleichfalls in der menschlichen emotional-mentalen, der Fühlen-und-Denken-Aura. Hier sind sie stets persönliche Schöpfungen des Einzelnen, zu dem diese Aura gehört. Dass sich in dieser Aura trotzdem auch fremde Menschen, ganze Situationen herumtreiben, ist dazu kein Widerspruch. Es sind eben die

Menschen, geistigen Anstöße, Ereignisse, die zwar von außen kommen, aber auf den Einzelnen und seine Aura einen starken und manchmal nachhaltigen Einfluss ausüben.

Wie die ätherische Aura, hat die Fühlen-und-Denken-Aura eine Art »Haut«, die sie begrenzt, schützt und vor dem Ausfließen bewahren soll. Das heißt nicht, dass die Strahlung der Aura nicht diese »Haut« durchdringen und oft auf Distanzen wirken kann. Ein positiver oder auch negativer Einfluss, Angriffe der Aura eines Menschen auf die Aura eines anderen wären sonst ja nicht denkbar.

Im Esoterik-Basar: Besuch bei der Aura-Fotografin

Normalerweise besitzt die Aura eines Menschen eine farbliche Grundtönung, die sich im Lauf des Lebens nur langsam oder nur geringfügig verändert. Sie drückt die Grundtendenz, den Wesenskern des jeweiligen Menschen aus. Der Londoner Arzt Dr. Walter Kilner (1847–1920), der die Aura-Fotografie erfand, entdeckte auf seinen Aufnahmen, dass die Auren der meisten Menschen eine grau-blaue Tönung haben. Für die Wahrnehmung der Aura Begabte erklären, sie hätten Auren in trübem Braun oder Rot gesehen, als verschmutztes Blau, aber auch in leuchtendem Gelb, Orange, Rot, Grün, Blau und Violett. Sehr selten strahlt eine Aura in fast gleißend weißem oder gar goldenem Licht.

Vor einer ganzen Reihe von Jahren, als ich mich wieder einmal auf einer der Esoterikmessen herumtrieb, wo es von Pendeln und Düften in Flakons bis zu Fachliteratur und Weissagungen durch Tarot alles zu kaufen gibt und eine bunte esoterische Basaratmosphäre herrscht, wollte ich es doch einmal genau wissen. Obwohl ich kein Anhänger der zahllosen Versuche bin, den Geheimnissen der Seele mit technischen Hilfsmitteln nachzujagen, ließ ich mich und meine Aura von ein paar netten jungen Spezialisten gegen Honorar fotografieren. Wenige Minuten später hielt ich den Abzug eines Farbfotos in der Hand, eines Brustbilds, das zu Recht über dem Kopf viel Raum ließ.

Was mir an dem graumähnigen Kerl, der mir da aus dem Foto ohne übertriebenes Interesse entgegensah, noch am besten gefiel, war seine womöglich etwas ironische Gelassenheit. Ansonsten mochte ich den Mann auf dem Bild viel weniger als jenen anderen weniger bleichen, der mich allmorgendlich beim Rasieren aus dem durch sanfte Tönung wohlwollenden Spiegel heiter und voll Freude auf den Tag anblickte. Natürlich sollte auf diesem Foto nicht meine Schönheit abgebildet werden, sondern meine Aura. Und so nahm ich es denn hin.

Diese meine Aura entsprach weder Dr. Kilners Durchschnittserfahrungen, denn sie war nicht grau-blau, noch meinen eigenen gehobenen Vorstellungen, denn sie umschmeichelte mich nicht in strahlendem, hellem Licht. Rot getönt umgab sie in ziemlich weitem Umkreis meinen Kopf und meine Brust, Schultern und Seiten, so weit man das auf dem Foto sehen konnte.

Nun muss man kein Experte sein, um zu wissen, dass die Farbe Rot auch in diesem Fall eine Ausstrahlung von Aggressivität als wesentlicher Eigenschaft bedeutet. Doch alle, die mich kennen – und zu ihnen gehöre bis zu einem gewissen Grad auch ich –, sind sicher, dass Aggressivität, auch im positiven Sinne, die Eigenschaft ist, die mir besonders fehlt.

Das sagte ich auch der jungen hübschen Frau aus dem Fotografenteam, die den Fotografierten auf Wunsch ihre Aura-Bilder erklärte.

»Das hat nicht viel zu bedeuten«, antwortete sie mir. »Die Aura der meisten Menschen, die wir hier fotografiert haben, hat eine rote Tönung. Nicht wenige von ihnen sagen übrigens wie Sie, dass sie nicht aggressiv sind, und sie sagen es oft in einem ziemlich aggressiven Ton. So oder so – die meisten Besucher einer Messe wie dieser laufen mit einer roten Aura herum, weil das Treiben hier, die ganze Atmosphäre sie dynamisch, wenn Sie wollen, ein bisschen überaktiv macht. Auch so ein Drive färbt die Aura rötlich. Mit dem, was man gewöhnlich unter Aggressivität versteht, hat das wenig zu tun.« Nach einer kurzen Pause setzte sie in etwas referierendem Ton hinzu: »Im Übrigen verrät das Bild, dass Sie über eine gesunde Erotik verfügen.«

»Sagen Sie das allen Männern, die mit einer roten Aura zu Ihnen kommen?«, erkundigte ich mich.

»Es ist das Bonbon«, antwortete sie.

Kleine Grammatik der Aura-Farben

Die Geschichte von den roten Auren auf dem Esoterikbasar scheint der Behauptung zu widersprechen, dass die Aura eines jeden Menschen eine Grundfärbung besitzt, die sich kaum oder nur ganz langsam wandelt. Aber es ist eben so, dass diese Grundtönung überzogen und oft völlig verdeckt wird von dem wechselnden Farbenspiel, das die augenblicklichen Gedanken und Emotionen in mehr oder minder schnellem Wechsel auf diesen konstant bleibenden Untergrund der Aura projizieren. Wäre das nicht so, könnte keine Aura unterschiedlich gute oder weniger gute Energien ausstrahlen und wohl auch empfangen. Zumindest was die Buntheit unseres Lebens betrifft, wäre das nicht so lustig.

Hier sei noch etwas über die Intensität und die Reinheit der Farben einer Aura gesagt. Als Kurzregel gilt: Je reiner und strahlender die Farbe einer Aura ist, umso besser. Dabei ist es ganz gleich, um welche der sieben Grundfarben des Spektrums oder ihrer Abwandlungen es sich handelt. Eine Aura, deren Farben trüb sind, verrät ein gleichfalls trübes geistiges und emotionales Leben. Ob schmutzig blau, schmutzig grün, schmutzig gelb und so weiter – eine schmutzfarbene Aura umhüllt keine sehr saubere Seele.

Vielfach hört man die Ansicht, dass eine Aura in zarten Pastelltönen von einem ebenso zartsinnigen und geistig hoch entwickelten, ätherischen Menschen zeuge: Das Erstere mag bis zu einem gewissen Grad stimmen. Die Schlussfolgerung bezüglich der hohen geistig-spirituellen Entwicklung hingegen ist sicher falsch. Die Pastellfarben einer Aura deuten einfach darauf hin, dass – etwas salopp ausgedrückt – da kein Dampf dahinter ist. Leute mit einer solchen Aura sind nicht nur von zartem und feinem Wesen: Es mangelt ihnen auch an Willen und an der Energie, ohne die im geistigen Leben nichts geht. Womit natürlich nicht die Energien gemeint sind, mit denen man andere Menschen und ihre Lebensräume usurpiert, sondern der Wille, sich in höhere innere Ordnungen und Königreiche zu begeben, was – wie wir alle wissen – erheblich schwieriger und mühsam ist.

Sind alle Aura-Seher Schwindler?

Ein recht bekannter Esoteriker, dessen Namen ich nicht nennen möchte, damit nicht alle echten oder eingebildeten Aura-Seher über ihn herfallen, sagte einmal: »Ich habe im Leben nur einen Menschen getroffen, der die Aura der anderen wirklich sehen konnte. Und der war ein Schwindler.«

Das ist krass formuliert. Allerdings stimmt es nicht, denn es gibt durchaus Leute, welche die Auren in all ihren Farben sehen können. Spätestens seit Dr. Kilners Aura-Fotografien lässt sich nachweisen, dass sie nicht flunkern. Eine andere Geschichte ist, dass manche, die Aura-Seher zu sein glauben oder auch nur behaupten, es zu sein, die Aura ihrer Mitmenschen gar nicht sehen, sondern nur spüren. Das ist wahrlich ein gewaltiger Unterschied. Und auch beim Spüren einer fremden Aura gibt es mehr als Nuancen. Denn um zum Beispiel nur zu fühlen, dass von einem gewissen Menschen ein fürchterlicher Mief ausstrahlt, bedarf es keiner absolvierten Lehre der gehobenen esoterischen Laufbahn.

Von all dem eben Gesagten wollen wir uns natürlich nicht entmutigen lassen, es selbst einmal zu probieren. Dabei sollten wir mit unseren Versuchen allerdings nicht zu weit gehen. Es fragt sich nämlich, ob es unserem alltäglichen Umgang mit den Menschen dient, wenn wir durch ihre Aura erfahren, wer, was und wie sie wirklich sind. Denn dann ginge es uns wie den Hellsehern, welche die Gedanken der Menschen, mit denen sie zusammen sind, kennen und diese Wahrnehmung zu ihrem Leidwesen oft gar nicht mehr abschalten können. Oder denken wir an jene, die die Zukunft der Menschen, auch von denen, die sie lieben, vorhersehen. Sicher gewinnen sie dadurch Einblicke, glücklicher werden sie jedoch dadurch nicht.

Eine Art von Aura-Sehen, die teilweise eher ein Sehen durch die Aura hindurch war, erlebte einer der rätselhaftesten Dichter Portugals, Fernando Pessoa. Er arbeitete tagsüber als Buchhalter in Lissabon und hinterließ 27 000 zum Teil winzige Manuskriptblätter, als er 1935 nur 47-jährig an einer Leberkolik starb, weil er viel zu viel Kognak trank – was eigentlich jeder spirituellen Lebenshaltung widerspricht.

In einem Brief an seine Tante Anica schrieb er 1916:

Es gibt zum Beispiel Momente, in denen ich vollkommen »ätherische Visionen« zu haben beginne, in denen ich die »magnetische Aura« irgendwelcher Leute sehe und vor allem meine eigene, im Spiegel und im Dunkeln, wie sie von meinen Händen ausstrahlt. Das ist keine Halluzination, denn wie ich sehe, sehen andere auch, oder zumindest ein anderer, der die gleichen Fähigkeiten wie ich hat, aber stärker entwickelt. In einem glücklichen Augenblick ätherischer Sicht geschah es mir, dass ich eines Morgens im »Brasileira del Rossio« (berühmtes Lokal in Lissabon) *die Rippen eines Kerls durch die Kleider und die Haut sah*. Das ist das ätherische Sehen im höchsten Grad ...
Manchmal, wenn ich mich im Spiegel betrachte, verschwindet mein Gesicht und es erscheinen mir die Gesichtszüge eines Mannes mit Bart oder die eines anderen (es sind im Ganzen vier, die mir erscheinen).

Wie wir das Aura-Fühlen üben können

Unsere praktischen Versuche, die Auren von Menschen und Pflanzen zu sehen, leiten wir am besten durch die Bemühungen mit dem Aura-Fühlen ein. Ein paar Tage oder Wochen lang ausgeführt, macht es uns für das Sehen von Auren sensibler. Außerdem hat es den Vorteil, dass es – im Gegensatz zum schwierigeren Aura-Sehen – meist wirklich erkennbar funktioniert.

Dazu bitten wir eine Freundin oder einen Freund, sich in einer nicht bauschigen Kleidung auf einer Liege auszustrecken. An der Stirn beginnend, fahren wir mit der flachen Hand, deren Innenseite der liegenden Person zugewandt ist, in ein paar Zentimetern Entfernung über den Körper abwärts zu den Füßen. Dabei hüten wir uns, den liegenden Körper mit unserer Hand zu berühren. Wenn wir nichts spüren, fahren wir mit unserer Hand langsam wieder zur Stirn zurück. Wir können die Entfernung der Handfläche vom liegenden Körper etwas variieren, sagen wir zwischen fünf und zwanzig Zentimetern. Meiner Erfahrung nach ist es jedoch besser, die Hand nicht zu weit zurückzuziehen, bevor man etwas gespürt hat.

Häufig wird empfohlen, während man mit der Hand über den Körper gleitet, die ganze Konzentration oder vielleicht besser die intuitive Bemühung auf die Fingerspitzen zu lenken, weil man dort, wie es heißt, die Aura zuerst und am stärksten spüre. Ich habe diese Ratschläge auch anfangs beherzigt. Doch als ich dann die Aura fühlte, war es nicht in den Fingerspitzen, sondern in der Mitte der Handfläche. Es geschah, als ich diesen Versuch mit mir selbst anstellte, was sehr gut geht. Man muss sich nur zunächst darauf einstimmen, dann die Überzeugung in sich aufblühen lassen, dass es klappen wird, und dann unbekümmert beginnen, ohne an andere Dinge zu denken.

Plötzlich strahlte etwas ins Zentrum meiner Handfläche aus, vibrierte dort, wurde warm. Das war nicht nur ein Hauch, wie ihn manchmal eine schöne Einbildung schickt, sondern eine richtige, pulsierende, nicht unangenehme Wärme, in der eine gewisse gerichtete Kraft spürbar wurde. Es passierte mir ohne Anstrengung stets von neuem, wenn meine Hand über meinem Solarplexus schwebte, also der Stelle zwischen Nabel und unterer Rippe.

Später konnte ich meine Aura auch an anderen Stellen spüren, recht stark über der Nasenwurzel, dem dritten Auge. Ich nahm die flache Hand weiter vom Körper weg, weil ich mir dachte, so könne ich die Dichte und Dicke meiner Aura erkennen. Mal knapp über dem Körper, mal ziemlich hoch darüber riss die Verbindung, diese wärmende Vibration, ab. Zurück blieb für mich die Gewissheit, dass wir nicht dort enden, wo der kompakte, als Materie berührbare Körper aufhört.

So lernen wir das Sehen einer Aura

Wenn wir das Vertrauen gewonnen haben, dass wir die menschliche Aura fühlen können, gehen wir zu den Versuchen über, die Aura mit den Augen wahrzunehmen. Dafür stellen wir unsere gutwillige Versuchsperson vor einen dunklen Hintergrund, vielleicht eine Wand, und setzen uns auf einen Stuhl, so weit entfernt, dass wir die Person mühelos im Ganzen sehen.

Und jetzt, nachdem wir zunächst wieder unser Vertrauen gestärkt haben (»Ich weiß, es funktioniert!«), vollführen wir mit unseren Augen einen Trick: Wir verlagern unseren Blick von der Versuchsperson ein wenig nach hinten, sodass sie unscharf wird. Die Schärfe, der Brennpunkt unserer Augen befindet sich nun zwanzig Zentimeter hinter der stehenden Gestalt. So verharren wir – wieder möglichst ohne große Gedanken, Emotionen oder gar Erfolgsdruck – und warten ab, was geschieht.

Falls Ihr Versuch erfolgreich ist, beginnt um die stehende Person herum ein meist hellgrauer Dunst zu wallen. Sofern sich dieser Schleier optisch etwas verfestigt, können Sie meist erkennen, dass seine Außenseite nicht gleichmäßig ist, sondern über gewissen Kopf- und Körperpartien kleine oder große Ausbuchtungen oder Einzüge nach innen, auch Unterbrechungen, aufweist. Das heißt, die Aura Ihrer Freundin oder Ihres Freundes befindet sich nicht im Idealzustand, was dem Normalfall entspricht.

Wenn wir den Versuch zeitlich ausdehnen, wird der graue Nebel um die stehende Gestalt womöglich zu leuchten beginnen. Dann fließt dort ein gelber oder gar goldener Lichtschein ein, und wir beginnen innerlich zu jubeln, weil wir glauben, dass wir jetzt in die dünnen, aber erhabenen Reihen der wahren Aura-Seher eingetreten sind. Oft erliegen wir damit einem Irrtum. Die gelbe oder goldene Farbe in der Aura kann nämlich auch daher rühren, dass wir unsere Augen durch die veränderte Scharfeinstellung zu sehr anstrengen. Natürlich wird unsere Freundin oder unser Freund entzückt sein, wenn wir ihnen mitteilen, dass sie *mit einer der seltenen gelben oder gar goldenen Auren durchs Leben wandeln. Doch um ihnen das sagen zu können, welche Farbe ihre Aura wirklich hat, müssen wir wohl noch etwas üben.*

Warum die Indianer uns nicht in die Augen schauen

Das Erkennen der Auren von Mitmenschen spielt selbstverständlich für die Erkenntnis, Verhaltensweise und Praxis der indianischen und anderer Schamanen eine wichtige Rolle. Und es wundert mich, dass wir bei unserem Schamanenkurs, über den ich im vorhergehenden Kapitel berichtete, keine diesbezüglichen Versuche und Übungen machten. In der Werkmappe *Schamanische Magie im Alltag* von SUJJA SU'A'NO-TA habe ich zwei interessante Absätze zu diesem Thema gefunden. Sie sind eine gut anwendbare Variante zu der eben beschriebenen Übung zum Aura-Sehen.

Diejenigen Leser, die gelegentlich mit Schamanen zusammenkommen, werden sicher schon bemerkt haben, dass diese die Angewohnheit haben, Dinge oder Personen oft nicht direkt anzusehen. Besonders deutlich kann man das beobachten, wenn man einem Schamanen direkt gegenüber sitzt. Manchmal schaut er knapp an uns vorbei, oder er richtet seinen Blick auf einen Punkt direkt über unserem Kopf, oder er bremst seinen Blick ab, bevor er uns berührt. Dies ist eine der einfachsten Techniken, um das »Aura-Sehen« zu erlernen. Man richtet seinen Blick also immer knapp neben die Umrisse eines Körpers und versucht dabei an nichts zu denken, sondern stattdessen einfach aufnahmefähig zu sein. Ich persönlich habe die Erfahrung gemacht, dass sich als Ansatzpunkt bei Personen die Kopf- und Schultergegend am besten eignet. Danach kann man dann mit dem Blick den gesamten Körperumriss abtasten.

Sieht man die Aura erst einmal an einem Punkt deutlich, kann man sie bald darauf ganz erkennen. Diese Art der Wahrnehmung ist Teil des Grenzbereichs zwischen dem *Tonal* (der mit den Sinnen wahrnehmbaren Welt) und dem *Nagual* (der sinnlich nicht wahrnehmbaren Welt). Wenn wir uns daran erinnern, wie wir als Kinder gesehen haben, werden wir feststellen, dass wir damals dem Fixierungszwang wesentlich weniger unterlagen, als wir es im Erwachsenenalter tun. Unsere Wahrnehmung in der Tonal-Welt war weitaus weniger begrenzt. Diesen Zustand können wir mit etwas Geduld und Übung wieder erreichen. Von diesem Punkt aus ist es nur noch ein kleiner Schritt bis zum Nagual.

Diese Art der Schamanen, andere Menschen anzusehen, die wohl früher bei den Indianern allgemein verbreitet war, hat bestimmt zu der Behauptung vieler Weißer beigetragen, dass »die Rothäute falsch sind, weil sie einem nicht in die Augen sehen können«. Deshalb empfehle ich der esoterischen Freundin und dem Freund, bei ihren Übungen des Aura-Sehens eher vorsichtig und selektiv zu sein. Es macht zum Beispiel bei einer Einladung keinen guten Eindruck auf eine nicht eingeweihte Gastgeberin, wenn wir immer nur schräg an ihr vorbeisehen und dann – den obigen Anweisungen folgend – »mit dem Blick den gesamten Körperumriss abtasten«.

Bäume haben keine böse Aura

Nicht nur Menschen, sondern auch Minerale, Pflanzen und Tiere sind von einer Aura umgeben. Für experimentierfreudige Schülerinnen und Schüler des Aura-Sehens öffnet sich hier ein weites Feld. Ich empfehle ihnen besonders, es einmal mit der Aura unserer großen stillen Freunde zu versuchen, der Bäume.

Am besten geeignet für diese Übung ist der Morgen oder der späte Nachmittag eines schönen Hochsommertags, doch geht es auch durchaus zu anderen Tages- und Jahreszeiten. Das Licht sollte vielleicht nicht so glasklar und schneidend sein – wenn man das bei einem optischen Phänomen sagen möchte –, sodass alle Konturen in der Landschaft überscharf erscheinen, wie das etwa bei einem Föhn- oder (im Süden) Mistraltag der Fall ist. Bei einem Ausflug in die Natur haben wir meist reichlich Gelegenheit, unsere idealen »Versuchsobjekte« auszuwählen.

Am besten eignet sich eine Baumgruppe oder ein großer, allein stehender Baum in gut hundert oder sogar zweihundert Meter Entfernung am Ende einer kleinen Ebene, einer Wiese oder eines Felds. Wir setzen uns auf die Erde, schalten alle Gedanken aus mit Ausnahme der Vorstellung, dass wir die Aura eines oder mehrerer Bäume sehen werden. Ganz ruhig, wie wir es geübt haben, betrachten wir den Baum oder die Bäume, lassen unseren Blick etwas dahinter gleiten, sodass sie unscharf werden, und warten geduldig und vertrauensvoll. Auf einmal können wir die Aura wahrnehmen.

Jeder Baum ist eingehüllt in einen silbriggrauen, mehr oder weniger fluktuierenden und schimmernden Dunst. Wenn wir diese Auren der Bäume eine Zeit lang betrachten – sie haben viel weniger die Tendenz, sich plötzlich wieder zurückzuziehen, als andere Auren –, dann überkommt uns ein friedvolles und wohliges Gefühl. Vielleicht, so denke ich, liegt das daran, dass Bäume zwar auch eine kranke Aura haben können, aber im Gegensatz zum Menschen nie eine böse.

So problemlos (seit Kilner) und eindrucksvoll es ist, die Aura eines Menschen fotografisch festzuhalten, so schwierig ist es, sie angemessen zu malen. Selbst auf den wunderbarsten Gemälden der alten Meister, die Bilder schufen, wie sie später keiner mehr fertig brachte, ist die Aura, welche die Gestalten ganz oder als Heiligenschein umgibt, meist nichts Spezielles, das uns berührt. Mit den üblichen, sei es auch weit ins Geniale und Begnadete hinaufreichenden Mitteln und Sehweisen der Maler lässt sich eine Aura eben nicht in ihrer ganzen Tiefe darstellen. Rudolf Steiner hat in *Das Wesen der Farben* in verblüffender Kürze erklärt, woran das liegt:

»Wenn man die Aura eines Menschen malt, so malt man sie ja nicht so, wie man eine physische Gestalt malt, die man so malt, dass man Licht und Schatten so verteilt, wie die Lichtquelle das Objekt beleuchtet. Bei der Aura dagegen hat man es mit einem selbst leuchtenden Objekt zu tun; dadurch ist der Charakter der Malerei ganz anders.«

So stärken wir täglich unsere Aura

Zum Schluss dieses Kapitels rate ich noch zu einer Übung, durch die wir unsere Aura täglich und, wenn wir das wollen, sogar dem Wochentag entsprechend stärken. Wir können sie jeden Morgen durchführen, sie dauert nur ein paar Minuten.

Wir stellen uns ganz normal hin, schließen die Augen, atmen wie gewohnt und werden innerlich still. Allmählich ahnen oder imaginieren wir, wie hoch über unserem Kopf eine weiß-goldene runde Sphäre erscheint und sich langsam, größer werdend, auf uns herabsenkt, bis sie direkt über unserem Scheitelpunkt schwebt und glimmert. Wir spüren, wie von ihr Kraft und Frieden ausgehen und in uns eindringen, uns erfüllen.

Nun scheint sich die hell leuchtende Sphäre zu öffnen. Licht in einer von uns gewählten Farbe fließt rechts und links, vorne und hinten an uns herab, schließt sich strömend unter unseren Füßen. Wir stehen in einer einfarbig leuchtenden Umhüllung, deren Strahlen nicht nur von uns ausgehen, sondern auch unser Inneres einfärben, bis wir ganz diese leuchtende Farbe sind. So stehen wir eine Weile.

Das Imaginieren unserer Aura allein reicht allerdings nicht aus, sagt Mikhaël Aïvanhov:

»Sich vorzustellen, dass wir von Farben umgeben sind, genügt nicht, um unsere Aura zu erschaffen. Diese Farben können nur dauerhaft sein, wenn sie erhalten, unterstützt werden durch die Praxis und Qualitäten der Tugenden, deren farbige Entsprechungen sie sind. Es sind unsere Tugenden, welche die Farben unserer Aura nähren.«

Hier nun die Farben, in die wir uns an den ihnen entsprechenden Wochentagen hüllen können, und die korrespondierenden Tugenden, positive Kräfte, die wir dabei in uns einfließen lassen und zugleich wecken:

MONTAG – *Violett*: Stärke; gute magische Kräfte, die uns auch in der irdischen Realität helfen. Hilfe, um etwas ins Materielle »herunterzuholen«.

DIENSTAG – *Rot*: Kraft und Furchtlosigkeit, um unberechtigte Angriffe abzuwehren, außen wie innen. Das Zuviel auf das richtige Verhältnis zurückschneiden. Unanfechtbar werden.

MITTWOCH – *Orange*: Erkennen und Ordnen der Zusammenhänge, Lösungen finden. Unterstützen von Heilungen. Ordnung schaffen.

DONNERSTAG – *Königsblau*: Großmütig sein gegenüber Menschen, Situationen, auch zu sich selbst. Heiter werden.

FREITAG – *Grün*: Sich und die Welt als schön empfinden, als ein Stück göttlicher Natur. Fühlen, dass unser Leben als Kunstwerk geplant ist. Freundschaft mit den Musen schließen.

SAMSTAG – *Indigo* (dunkles Blau): Beruhigendes Einschweben in den schützenden Kreis der kosmischen Mütter.

SONNTAG – *Gelb*: Liebe und Harmonie.

Unabhängig von diesen Zuordnungen können wir uns natürlich am Morgen auch in eine Farbe hüllen, deren Tugend, Kraft oder Schutz wir an jenem Tag besonders nötig haben werden.

Allen eifrig Bemühten, die sich ohne zufrieden stellende Resultate im Aura-Sehen üben, möchte ich eine Maxime in ihr geistiges Reisepäckchen mitgeben für den weiteren Weg auf der Spur des Lichts: Auren sehen können und eine schöne Aura haben sind zweierlei Dinge, von denen nur das zweite wichtig ist.

KAPITEL SECHS

Bei Nacht und Tag fällt auf uns Sternenlicht vom Himmel

Der Freund, der alles und nichts wusste

Als ich etwa vierzehn Jahre alt war, hatten meine Freunde und ich in unserem Kreis einen etwas älteren Jungen, der alles wusste. Er hieß Dirrmeier – dass ich heute noch seinen Namen kenne, sagt viel. Wenn er noch lebt, wird er mir verzeihen, dass ich ihn nenne. Er bleibt trotzdem anonym, Dirrmeier gibt es viele. Und alles zu wissen ist längst ein weltweit verbreitetes Laster unseres Zeitalters.

Natürlich wusste Dirrmeier nicht wirklich alles. Würden wir ihn gefragt haben, wer das berühmte Bild »Frühstück im Grünen« gemalt oder wer das Buch *Doktor Doolittle und seine Tiere* geschrieben hat, hätte er rasch abgelenkt, was im Übrigen seine Spezialität war. Seine wie uns schien unendlichen Kenntnisse umfassten die Gebiete der geografischen und wissenschaftlichen Entdeckungen, der technischen Erfindungen und – nicht selten mit Letzteren verbunden – des Weltenraums, der Gestirne. Es galt für uns als ungeschriebenes, wahrscheinlich sogar unbewusstes Gesetz, diese Grenzen von Dirrmeiers Allwissenheit mit unseren Fragen nicht zu überschreiten.

Wenn Dirrmeier dabei war, mündeten unsere Zusammenkünfte, die mit ganz normalen Kreuz- und Quergesprächen und Scherzen begonnen hatten, wie zwangsläufig in dem, was man heute als Quiz bezeichnen würde. Der Sieger stand von vornherein fest, und selbstverständlich provozierte Dirrmeier dieses Quiz.

Erzählte zum Beispiel ein Junge von einem Abenteuerbuch, das in der Gegend der Viktoria-Fälle spielte, der hundertdreißig Meter hohen afrikanischen Wasserfälle am Sambesi, warf Dirrmeier beiläufig ein:

»Man sollte nicht meinen, dass ein solches Naturwunder erst in der Neuzeit entdeckt worden ist.«

»Wann denn?«, fragte einer von uns fast zwanghaft.

»Im 19. Jahrhundert«, antwortete Dirrmeier.

»Wann genau?«

»Im Jahr 1855.«

»Und wer hat sie entdeckt?«, fragte ein anderer.

»Der englische Missionar und Afrikaforscher David Livingstone.«

Von hier ging es zu dem Forschungsreisenden Henry Morton Stanley (»1841–1904«) weiter, der den in Ostafrika verschollenen Livingstone fand (»1871«). Gleich darauf waren wir bei der afrikanischen Nacht gelandet. Da war es zum Mond und zu den Sternen nicht mehr weit. Und schon bestürmten wir Dirrmeiers Allwissenheit mit unseren Fragen:

»Wie weit ist es bis zum Mond? – Wie groß ist er? – Wie groß ist das im Verhältnis zur Erde? – Welches ist das entfernteste Sternbild, das wir kennen? – Wie viele Lichtjahre ist es von dort zu uns?«

Dirrmeier beantwortete alles wie aus der Pistole geschossen.

»Woher kommt es, dass die Sterne ein so unterschiedliches Licht ausstrahlen, rot, bläulich, weiß oder eher gelb?«

»Das hängt davon ab«, antwortete Dirrmeier, »welche Atmosphäre, welche Dämpfe den einzelnen Stern umgeben, auch von seiner Oberfläche. Glühende Lavamassen leuchten natürlich in einer anderen Farbe als zum Beispiel riesige Eiswüsten.«

Da geschah es, dass einer der Freunde mit dieser Antwort nicht zufrieden war und eine neue Frage aufwarf, die plötzlich ganz andere Dimensionen berührte.

»Was du da erzählst, Dirrmeier, sind recht schöne Erklärungen«, sagte er. »Aber kannst du mir auch erklären, woran es liegt, dass jeder der großen Sterne, wenn ich ihn länger anschaue, durch sein besonderes Licht auf mich eine andere Wirkung hat? Beim Anschauen von dem einen spüre ich dies, beim andern das. Was das genau ist, kann ich natürlich nicht sagen. Ich spüre es eben nur. Aber woher kommt es?«

»Das kommt daher, weil du eben kein Wissenschaftler, sondern ein recht romantisches Kerlchen bist«, antwortete Dirrmeier, und ein Teil der Jungen lachte.

Ich gehörte nicht zu ihnen. Denn dieser Freund hatte genau das angesprochen, was ich schon lange bei Dirrmeiers Wissensparade empfunden hatte, ohne es zu erkennen. Jetzt wusste ich es, und es machte mir auch klar, warum mich Dirrmeier mit seinem Quiz immer mehr langweilte. Seine Kenntnisse waren Oberflächengerassel, unter dem sich die Geheimnisse verbargen. Ich aber wollte keine Zahlenverhältnisse und physikalischen Analysen hören, sondern von den wahren Wundern der Gestirne erfahren, von denen ich sicher war, dass es sie gab.

Man muss die Sterne mit ihrem Namen anreden

Etliche Jahrzehnte später stieß ich im Buch *Palomar* des italienischen Schriftstellers Italo Calvino (1923–1985) auf eine Stelle, die uns bei unseren frühen Zweifeln am Wert der Alleswisserei viel gesagt hätte. Es war der Absatz, wo Herr Palomar, Titelheld und Zentralfigur des kleinen Buchs, die Sterne betrachtet:

Um einen Stern zu erkennen, überprüft man am besten, wie er auf seinen Namen reagiert. Überzeugender als das Übereinstimmen der Entfernungen und Stellungen mit denen auf der Karte ist nämlich die Antwort, die der leuchtende Punkt auf den Namen gibt, mit dem man ihn benannt hat: seine sofortige Bereitschaft, sich mit dessen Klang gleichzusetzen und mit ihm eins zu werden. Mögen die Namen der Sterne für uns, die wir jede Mythologie verloren haben, noch so unpassend und willkürlich klingen, nie kämen wir auf den Gedanken, zu glauben, dass sie austauschbar sind. Wenn der Name stimmt, den Herr Palomar für einen Stern gefunden hat, erkennt er es sofort, weil der Stern dadurch eine Notwendigkeit und Augenscheinlichkeit erhält, die er vorher nicht besaß. Ist es jedoch ein falscher Name, dann hat ihn der Stern bereits ein paar Sekunden später verloren, so als hätte er ihn von sich abgeschüttelt, und man weiß nicht mehr, wer er war und wo er war.

Mein erstes Zauberrohr

Eine erste Ahnung von den Juwelen am nächtlichen Himmel bekam ich, als mir mein Vater ein Sternenfernrohr gebaut hatte – nicht lange, nachdem Dirrmeier mit seiner Wissenkiste aus meinem Leben ins Unbekannte abgereist war. Dieses Fernrohr bestand aus drei Glaslinsen und zwei soliden Papprollen, von denen man die hintere, dünnere in die dickere schieben und dort vor- und zurückbewegen konnte, um die Scharfeinstellung zu regulieren. Das Ganze ließ sich mit wenigen Handgriffen recht stabil auf ein dreibeiniges altes, hölzernes Fotostativ schrauben und von dort aus nach Belieben schwenken.

Noch heute lebt in meiner Erinnerung das unbeschreibliche Gefühl einer leichten Atemlosigkeit, die über mich kam, als ich das Fernrohr zum ersten Mal auf dem Großstadtbalkon vor meinem Zimmer postierte und es durch die weiten Lücken zwischen den Hinterhofbäumen in den Nachthimmel richtete.

Natürlich begann ich mit dem fast vollen Mond. Seine zerklüfteten Landschaften hatte ich mit dem bloßen Auge noch nie so erkennen können. Aber das war nicht das Entscheidende. Mich traf vor allem diese unheimliche Weiße und Stille seines reflektierten Lichts, bleich und doch zwingend, ein Nachtweiß, das sich von jedem Weiß, wie man es am Tag sah, durch etwas Unnennbares unterschied. In diesem seinem Licht erkannte ich, dass der Mond einsam ist, und ein Gefühl dafür stieg in mir auf, was es bedeutet, wenn ein Wesen in die vollkommene Einsamkeit gerät.

Vom Mond wechselte ich zu den größeren Sternen über,

ohne System, einfach so, wie ich sie gerade mit meinem Fernrohr einfing. Das war nicht immer ganz leicht. Aber dann, wenn sie in ihrer Pracht durch die drei Linsen meiner beiden Pappröhren in mein Auge strahlten, fühlte ich mich von ihren Wundern berührt, ja durchtränkt. Bildhafte Assoziationen oder Gedanken stiegen dabei nicht in mir auf. Es waren nur Emotionen, Intuitionen, Ahnungen, durch die ich diese Sterne fühlte und beinahe selbst zu werden schien. Dass jeder Stern ein Licht besaß, das sich von den Lichtern aller anderen unterschied, erkannte ich sofort.

Hier möchte ich, der Stimmung halber, die Sterneneindrücke von Erhart Kästner anschließen, die er ohne Fernrohr in jahrelanger Kriegsgefangenschaft in der Wüste erlebte und in seinem *Zeltbuch von Tumilad* schildert:

Ich lag ... im Sand und starrte in die Sternenräume hinaus. Denn die Sterne muss man im Liegen betrachten, die Horizonte müssen versunken sein. Man muss nicht die Vorstellung haben: Himmelsoben und irdisches Unten; besser ist es, zu denken, man sehe von einem Balkon in ein Weltraumdraußen hinaus. Das Theater der lodernden Feuer zog da vorbei, jede allnächtliche Nacht, wie Musik, von der wir leider nur das Schauspiel wahrnehmen. Das Kreisen rief die Empfindung von Orgeltönen hervor. Wenn sich die Bilder zum Zenit erhoben, schwoll es zu mächtiger Stärke heran und stieg zu immer höherer Höhe; wenn sie sich zum Untergang neigten, schwanden die Harmonien dahin. Andere Akkorde, andere Bilder, stiegen dann auf.

Wenn wir das Tönen auch nicht vernahmen, so durchdrang es uns doch Nacht für Nacht so, wie einen eine

Lehre durchdringt: dass dies Sternenkreisen ein Schauspiel ist und, was auf Erden geschieht, nur ein Abbild davon, und dass beides nur Gleichniswert hat.

Die Astrologen pfeifen auf das Licht der Sterne

Es ist merkwürdig, dass ausgerechnet die Astrologie – derjenige Zweig der esoterischen Wissenschaften, der zumindest im Westen weiter verbreitet ist als jeder andere und der mit den Sternen arbeitet – sich überhaupt nicht mit dem Licht der Sterne beschäftigt. Täte die Astrologie das, könnte ein wahrhaft spiritueller Astrologe auf diesem Sternenlicht in die Vergangenheit wie in die Zukunft reisen und würde damit die Lücken schließen, die in der modernen Horoskopdeutung klaffen: Das Horoskop, wie wir es kennen, bezieht sich nicht auf das, was vor der Geburt war, und das, was nach dem Tod stattfinden wird.

»Drei Angaben liefert das Horoskop nicht«, erklärt ähnlich Fernando Pessoa in seinen *Esoterischen Seiten*: »1. Die Grundqualitäten des Individuums, seinen innersten Rang betreffend. 2. Seine soziale Ausgangsposition. 3. Das, was aus ihm und dem Leben, das er geführt hat, nach seinem Tod (für ihn) resultiert.

Das Horoskop enthält und erklärt alles, außer diesem.«

Merkwürdig ist es auch, dass die Erde bei der Erstellung von Horoskopen keine Rolle zu spielen scheint. Da werden einzelne Planeten und die ganzen Tierkreiszeichen mit den zwölf Sternbildern für die Berechnungen herangezogen; da wird mit Konstellationen gearbeitet, mit Sextil, Quintil, Quadrat, Trigon und Opposition. Da spielt der genaue

Zeitpunkt der Geburt offensichtlich eine große Rolle. Aber in welchem Zustand, in welchen Schwingungen, in welchem Licht sich unsere Erde befand, als wir auf diese Erde kamen, unseren Heimatplaneten für das ganze zukünftige Leben, scheint keinen Astrologen zu interessieren.

Dabei sind die Sterne womöglich nicht die Motoren unseres Schicksals, sondern nur kosmische Lichtzeichen – Lichter, die aufscheinen lassen, was eine weit hinter und über ihnen stehende Allmacht diesmal für uns bestimmt hat. Vernehmen wir noch einmal Fernando Pessoa:

In der Astrologie ... erscheint merkwürdig, dass die Position der Sterne im Augenblick der Geburt eines Menschen, oder beim Beginn irgendeines Projekts ... das Schicksal jenes Menschen oder den Verlauf jenes Projekts zeigen soll. Es sind jedoch nicht die Sterne, die auf den Menschen oder die Ereignisse einwirken. Über den Sternen waltet ein Geschick, und dieses Geschick, das auf einer höheren Ebene als geistige Kraft existiert, findet eine materielle oder profane Darstellung in den Sternen. Wenn ich behaupte, dass ein bestimmtes Ereignis meines Lebens von einem gewissen Saturnaspekt abhängt, drücke ich mich gleichzeitig gut und schlecht aus. Gut, weil ich tatsächlich, durch das Lesen des Horoskops, dieses Ereignis durch den Aspekt des Saturns vorhersehen kann. Trotzdem ist es nicht der Saturn, der es sachlich bestimmt, sondern der es in der materiellen Welt darstellt.

Dieser Einfluss der verborgenen Allmacht, den die Sterne optisch darstellen, gilt für alle: die Kleinen, die Bescheidenen und für die Großen und oft Unbescheidenen im Rampenlicht. Und auch für die, welche das Geschehen mit dem Eichmaß ihrer oft unaufdringlichen Fähigkeit messen. Denn jenseits der spektakulären Persönlichkeiten hat jede Epoche ihre oft verborgenen, aber wahren Philosophen, Meister und Künstler, die das echte Urteil über ihre Zeit abgeben. »Sie selbst aber unterstehen einem anderen Herrn«, meinte Friedhelm Kemp (im Vorwort zu Charles Baudelaires Tagebuch *Mein entblößtes Herz*), »und ihre Leistungen werden gemessen an heimlichen, niemals vorgewiesenen Maßstäben, die ein Unerforschliches vor aller Zeit als ewig gültige, nie veränderliche in den Archiven der menschlichen Seele niedergelegt hat.«

Einmal werden Sterne, Zeiten, Himmel stürzen und verlöschen

Die Sterne, die wir in jeder klaren Nacht am Himmel leuchten sehen, werden irgendwann einmal verlöschen. Jede große Mythologie oder Religion hat ihre spezielle Vision vom Ende der Zeiten. Auch die Wissenschaft bietet uns ihre Vorstellungen von der Zerstörung oder Selbstzerstörung einzelner Gestirne oder ganzer Himmelssysteme an – alles andere als bezaubernde Ausblicke: vereisen oder verglühen, Zerstörung der lebenswichtigen Atmosphäre, aus der Bahn geraten, Zusammenstöße und Abstürze ins Namenlose.

Seit einiger Zeit haben wir in der Phalanx der düsteren Vorschauen »so genannte schwarze Löcher, deren Schwerkraftfelder die Masse kollabierender Sterne mit Lichtgeschwindigkeit einsaugen, ›aufheben‹ und so für immer aus unserem Weltall in das größere Jenseits verschwinden lassen. Das Universum entpuppt sich somit in der Tat als ein sehr merkwürdiges Gebilde, und wir brauchen keine Gespenster mehr, die uns die Haare zu Berge stehen lassen« (schreibt Arthur Koestler in *Die Armut der Psychologie*).

Doch ist sogar dies alles wieder einmal nur die Oberfläche des Geheimnisses. Viele Naturwissenschaftler wissen das. Sie sind, wie Koestler sagt, frustriert, weil sie glauben, »dass die Naturwissenschaft nur gewisse Aspekte oder Ebenen der Wirklichkeit erfassen kann, während sich die letzten Fragen stets ihrem Zugriff entziehen und immer weiter ins Unendliche zurückweichen, wie die Bilder in einem Spiegelsaal«.

Durch sein Ausatmen, heißt es, erschafft Gott Welten, und durch sein Einatmen nimmt er sie wieder zurück, damit sie in ihrer gegenwärtigen Form zu Ende gehen. Ein Teil des Atems, den der Weltgeist dann erneut schöpferisch aus sich entweichen lässt, ist pures Licht. Um diesen ganzen Prozess zu überdauern, um dabei weiterzuleuchten und in andere Welten, die erneut ausgeatmet werden, hinüberwechseln zu können, müssen wir schon ein schönes Überselbst haben, einen unzerstörbaren göttlichen Funken.

Von dieser Umwandlung der Welten, bei welcher das Licht der Sterne erlöschen wird, um anderen Raum und Licht zu geben, hatte der weise Seneca vor rund zweitausend Jahren seine für eine unendliche Zukunft geltende Vision:

Was ist von der Gefahr einer Umgestaltung ausgenommen? Nicht die Erde, nicht der Himmel, nicht dieses ganze Weltgebäude, wiewohl es von Gottes Führung geleitet wird. Nicht immer wird es diesen geregelten Gang behaupten, irgendein Tag wird es einmal aus dieser Bahn herausstoßen. Alles geht nach bestimmten Zeiten; es muss entstehen, wachsen, vergehen. Alle die Weltkörper, welche du über dir ihre Bahn dahinziehen siehst, und auch der, auf welchen wir, wie auf den festesten Grund, gesetzt und mit dem wir gleichsam verwachsen sind, alle werden einst zertrümmert werden und vergehen. Jedes Ding hat sein Greisenalter; bei ungleicher Dauer führt doch die Natur alles an dasselbe Ziel. Alles, was ist, wird einst nicht mehr sein, und zwar nicht untergehen, aber aufgelöst werden …

Eine große Seele muss der Gottheit gehorchen und alles, was das Gesetz der Weltordnung gebietet, sich gefallen lassen. Sie wird entweder zu einem besseren Leben entlassen, um unter göttlichen Wesen in hellerem Lichte und größerer Ruhe zu weilen, oder sie wird wenigstens ohne ein Ungemach fortdauernd wieder mit der Natur vermischt werden und in das Ganze zurückkehren.

Die Vorzeichen am Nachthimmel

Sternschnuppen, heißt es, bringen Glück. Wer nachts sieht, wie eine Sternschnuppe vom Himmel fällt, wobei ihr Licht noch einmal hell aufstrahlt, darf sich etwas wünschen: Der in diesem kurzen Augenblick gedachte Wunsch, so heißt es, geht in Erfüllung. Ich habe viele Sternschnuppen gesehen und mir viel gewünscht. Aber ich muss ehrlich zugeben: Das mit der Erfüllung der Wünsche stimmt nicht immer ganz.

Es gibt auch Himmelserscheinungen, deren Licht unheilvoll leuchtet. Zu ihnen gehört beispielsweise der Stern »Wermut«, genannt nach dem würzenden Wermutkraut, das nur Bitteres, keinerlei Süße enthält. Wer diesen Stern Wermut am Himmel vergebens sucht, findet ihn jedenfalls in der Apokalypse des Johannes (8,10–12). Ich übersetze aus dem französischen Original der *Bible de Jérusalem*, die ihn besonders plastisch schildert:

> Und der dritte Engel ließ die Posaune erschallen… Da fiel vom Himmel ein großer Stern, lodernd wie eine Fackel. Er fiel auf das Drittel der Flüsse und der Quellen; der Stern heißt »Wermut«: Das Drittel der Wasser verwandelte sich in Wermut, und viele Menschen starben an diesem bitter gewordenen Wasser. Und der vierte Engel ließ die Posaune erschallen… Da wurde das Drittel der Sonne und das Drittel des Mondes und das Drittel der Sterne getroffen: Sie verdunkelten sich um ein Drittel, und der Tag verlor das Drittel seines Lichts, und ebenso die Nacht.

Bibelausleger meinen, dieser Feuersturz des Sterns »Wermut« sei eine der Katastrophen, mit denen der Weltgeist den »Großen Tag Gottes« einleiten wird, also das Ende der Welt und das Jüngste Gericht.

Angst, ja Panik kam über die Menschen früherer Zeiten, wenn ein geschweifter Komet am Himmel auftauchte und Woche für Woche auf seiner Bahn näher glitt. Man fürchtete, er werde schließlich auf die Erde fallen und dort alles Leben auslöschen. Andere sahen in dem Kometen zumindest ein mit Licht in den Nachthimmel geschriebenes Menetekel für Krieg, Pest, Hungersnot, Naturkatastrophen und den Weltuntergang.

Unsere wunderbaren Nächte mit dem Kometen Hale

Wir heutigen Menschen spürten beim Erscheinen des Kometen Hale Bop, vor einigen Jahren, kein Gefühl der Bedrohung durch ein unheilvolles Fatum. Ich erinnere mich noch genau, wie es war, als ich den Kometen zum ersten Mal sah. In einer der vielen sternhellen warmen Nächte gingen meine Frau und ich hinaus ans Ende unseres Grundstücks, wo wir über die Felder nach Westen sehen konnten. Wir blickten hinauf, und da war er schon.

Hale Bop, so schien es, wollte nichts von diesen ganzen Geschichten wissen, dass Kometen meist kaum zu sehen sind, dass der Großteil von ihnen überhaupt ohne sichtbaren Schweif reist, dass man ein Glückspilz oder ein Astronom sein muss, um ihn zu entdecken. Er war einfach da, mit dem bloßen Auge sichtbar, mit einem mächtigen Schweif, und als wir gar unser Fernglas auf ihn richteten, war er ein Himmelsgigant aus Licht.

Trotz seiner Riesengeschwindigkeit rückte er für das Auge scheinbar nur millimeterweise weiter. Wir leben in einer Zeit, in der wir nach Sonnenuntergang mit künstlichen Lichteffekten geradezu beschossen werden. Lasershows, Lichtgewitter in Diskos und bei Shows aller Arten, ja sogar einfache Straßenlampen und Autoscheinwerfer überziehen unsere Netzhaut mit gewaltigeren, weil viel näheren und sich meist ständig wandelnden Lichterscheinungen. Aber sie alle sind kalt, flach, und auch wenn sie eine unserer billigeren Emotionen ansprechen, gehen sie uns eigentlich nichts an. Sie haben nur zwei Dimensionen; ein Komet wie Hale Bop hat vier.

Obwohl der Komet für uns nur unmerklich am Firmament vorankam, spürten wir geradezu körperlich die unermessliche Kraft seiner Geschwindigkeit. Und noch etwas erkannten wir, das sich mit Worten schwer beschreiben lässt. Dieser Komet war, wie wohl alle leuchtenden Erscheinungen am Himmel, ein Symbol, eine Lichtchiffre für etwas anderes, für ein anderes Licht, in dem das All und auch wir selbst in unserer Bescheidenheit enthalten sind.

So zog der Komet Hale Bop wie ein einzelner Buchstabe aus dem großen Wunderalphabet des Weltgeists seine Bahn, Nacht für Nacht, und wir lasen diesen Buchstaben immer wieder, ohne seinen Sinn zu begreifen. Als für unsere Augen Hale Bop dann immer schwächer wurde und uns schließlich ganz verließ, blieb dieser Buchstabe aus fliegendem Himmelslicht in uns zurück.

KAPITEL SIEBEN

Das Licht der Stille und Erleuchtung: So werden wir unser eigenes Ideal im Licht

Mystik und Magie oder: Was ist überhaupt Erleuchtung?

Mystiker halten die oft von leuchtenden Erscheinungen belebten süßen Ekstasen des Lichts für das Endziel geistigen Strebens. Aber diese sind oft nur wieder Ausgangspunkt für das Betreten eines weiteren Pfades. Er führt aus den ekstatischen Emotionen in die lautlose heitere Erfahrung der wahren Wirklichkeit, in das Licht der Stille.

Wer dies erreicht, steht nicht mit leeren Händen da wie der Mystiker nach dem Abklingen des Entzückens. Auch wenn er die Versenkung oder den Hinaufflug beendet und die Augen wieder öffnen muss, begegnet er der Wirklichkeit des Alltags im Bewusstsein seines höheren Selbst, des Überselbst, seines göttlichen Funkens.

Das soll nicht heißen, dass mystische Wege nicht in die wahren Reiche des Lichts führen, und ähnlich ist es mit der Magie, auch wenn sich die beiden in Grundsätzlichem unterscheiden. »Der Mystizismus bedeutet vor allem Vertrauen in die Intuition«, meint Fernando Pessoa, »die Magie bedeutet vor allem Vertrauen in die Macht. Die Intuition ist ein geistiger Vorgang, durch den man die Resultate der Intelligenz erhält, ohne die Intelligenz zu benutzen. Die Macht, als magische Macht begriffen, ist eine Operation des Geistes, durch die man die Ergebnisse einer ununterbrochenen Anstrengung erhält, ohne diese ununterbrochene Anstrengung aufzuwenden. Beide jedoch, wie viel Zeit sie auch erfordern mögen, sind Abkürzungswege für das Bewusstsein.« Und beide, muss man hinzufügen, führen uns in Reiche, die wir mit Intelligenz und ununterbrochener Anstrengung allein nie betreten würden.

Bevor wir mit diesem so wichtigen Kapitel fortfahren, sollten wir hier eine gedankliche Zäsur machen und schlicht und sachlich fragen: Was ist das überhaupt, eine Erleuchtung? Nun, auf alle Fälle ein Begriff, mit dem heute viele um sich werfen und wenige tatsächlich etwas anfangen können. Wir sind bisher zumindest zu der Einsicht gelangt, dass es äußere und innere Erscheinungen des Lichts und der mit ihm hervorbrechenden Erleuchtung gibt. Aber das genügt uns natürlich nicht.

Ohne auf die zahllosen orthodoxen und unorthodoxen Bemühungen näher einzugehen, mit denen versucht wurde, den Begriff der Erleuchtung sozusagen grammatikalisch treffend darzustellen, möchte ich hier eine bescheidene eigene Zusammenstellung der Spielarten präsentieren, die ich für wesentlich halte. Die Leserin und der Leser werden daraus erkennen, dass es vielleicht nur eine absolute Erleuchtung gibt, aber dennoch viele Abstufungen und Vorstufen, von denen jede kostbar ist.

Erleuchtende Lichterlebnisse durch die Außenwelt
a) Durch Sonne, Sterne, Mond. Eigene Bemühungen – zum Teil magischer Art, wie hier beschrieben – sowie Meditationen und Versenkungen können dazu beitragen.

b) Verwandlungen der irdischen Licht- und Farbverhältnisse als Folgen unserer inneren erhöhten Zustände, oft ohne dass wir im Augenblick darauf hingewirkt zu haben scheinen. Als Beispiele sind Johannes Zeisels »goldenes Erlebnis« und meine im Dunkeln aufleuchtenden Vorhänge aufgeführt worden.

c) Begegnungen mit »unerklärlichen« äußeren Lichtphänomenen (z. B. das Sonnenwunder von Fatima) und mit von einer sichtbaren Lichtaura umgebenen, womöglich verklärten Menschen.

Erleuchtungen und Lichterlebnisse durch die Innenwelt

a) Erkenntnisse und Lebensgefühle, die uns wie in einem Mantel aus Licht überkommen.

b) Lichterlebnisse im Traum oder während wir nachts mit geschlossenen Augen daliegen.

c) Lichtphänomene beim Sterben.

d) Das innere Aufleuchten, manchmal nur für wenige Sekunden, das ein Glücksgefühl zurücklässt.

e) Das Fühlen eines unsichtbaren Lichts.

f) Die große, absolute Erleuchtung, die unser Leben verändert.

Das wahre Licht sieht man oft nicht

Entgegen dem Wortsinn wird die Erleuchtung oder ein anderes Lichterlebnis nicht unbedingt etwas sein, das – sei es im äußeren, sei es im inneren Licht – sichtbar leuchtet. Das wahre Licht sieht man oft nicht. Man spürt es. Wenn ein Mensch »im Licht lebt«, muss er deshalb noch lange nicht von einem Lichtschein umgeben sein oder alles im Lichtglanz sehen.

Fast jede und jeder von uns war schon einmal kürzere oder längere Zeit im Licht. Womöglich wussten wir es nur nicht. Aber wir spürten, wir nahmen es wahr, irgendetwas kam angeflogen und über uns und machte uns hell und schwebend. Ohne greifbaren Grund, ohne dass wir etwas geschenkt bekamen, sei es ein Gegenstand oder eine erkennbare Liebe, fühlten wir uns leuchtend vor bedingungslosem Glück.

Die allumfassende Erleuchtung ist nur wenigen vergönnt, obwohl die Möglichkeit dazu in jedem Menschen verborgen liegt. Die anderen, schreibt Lama Anagorika Govinda im Vorwort zum *Tibetischen Buch der Toten*, müssen sich »mit den in innerer Schauung erlebten Reflexen begnügen, in denen die Prinzipien und Qualitäten der Erleuchtung wie die Strahlen der Sonne durch ein Prisma in ihre Urbestandteile auseinander gelegt sind. Die Symbolformen dieser Schauungen sind nicht willkürliche Schöpfungen, sondern sozusagen die leuchtenden Spuren, die Jahrtausende geistiger Erfahrung und Vervollkommnung in der menschlichen Psyche zurückgelassen haben.«

Erleuchtungen sind also, wie wir auch hier hören, keine Privilegien westlicher, christlicher Mystiker und ihrer Nachfahren. Sie kommen in fast allen großen Religionen und Glaubensrichtungen vor. Je nach dem Kulturkreis, in dem sie auftreten, verändern sich ihre Begleitumstände und ihre spirituellen Kulissen. Aber der Kern ihrer Erscheinungsbilder, ihre Essenz, ihre Beglückungen und Nachwirkungen sind überall gleich.

Nehmen wir noch ein anderes Beispiel aus dem Fernen

Osten, entnommen dem schon früher erwähnten und für Zen-Buddhisten so wichtigen Buch *Die drei Pfeiler des Zen* von Philip Kapleau:

Das *Durchbrechen zur Erleuchtung* erfordert nur einen Augenblick. Es ist, als hätte eine Explosion stattgefunden. Wenn das geschieht, werden Sie so viel erleben! Sie werden »den Himmel in Bestürzung setzen und die Erde in Bewegung bringen«. Alles wird so verwandelt erscheinen, dass Sie meinen, Himmel und Erde hätten umstürzend die Plätze vertauscht. Natürlich kommt es nicht dazu, dass sie buchstäblich umstürzen. Durch Erleuchtung sehen Sie die Welt als Buddha-Wesen, das heißt aber nicht, dass alles so strahlend wird wie ein Glorienschein. Vielmehr nimmt jedes Ding *genau so, wie es ist* einen völlig neuen Sinn und Wert an. Wunderbarerweise ist alles von Grund auf verändert und bleibt doch, wie es ist.

»Augenzeugen« berichten von der Erleuchtung

Es ist merkwürdig, wie unterschiedlich die Schilderungen sind, mit denen Wissende und Betroffene die Erleuchtung in ihren vielartigen Stufen beschreiben. Vorausbedingungen, Anlässe, Anstöße, Vorarbeiten oder das Eintreten eines solchen Ereignisses ohne sichtbare Vorarbeit weichen je nach der Person des Erzählers erheblich voneinander ab. Und doch sind sie letztlich in ihrem Inhalt, das heißt im Zentrum des Erlebens gleich.

Wahrscheinlich nähert man sich dem, was eine Erleuchtung sein kann, am besten, indem man einige stark erhellende Berichte darüber liest, ohne zu urteilen, und diese Eindrücke dann ohne intellektuelle Arbeit, nur mithilfe von Intuition miteinander verschmilzt. Ein wenig haben wir das ja schon in unserem Buch getan.

»Wenn man von Erleuchtung spricht«, sagt Herman Weidelener in *Abendländische Meditationen*, »meint der heutige Mensch, es handle sich um eine Fülle von Gedanken, sodass man gleich einen Roman schreiben könnte... Auf eine solche Art von ›Erleuchtung‹ darf man natürlich nicht rechnen, denn ... auch hier ist nicht das Gedanklich-Intellektuelle gemeint. Wenn man durch langwährende Bemühungen sein Bewusstsein aus dem Gedanklichen herausverlagert hat in die anderen Regionen seines Wesens, wird man bei diesem Vorgang des Bleibens auch an die Unendlichkeit des Gedankenmeeres vorstoßen – allerdings eines ganz anderen Gedankenmeeres, als es das intellektuelle ist: Es ist der Ort der Dichter, an den man gerät.«

Der in London geborene Paul Brunton, dessen Weg vom weltreisenden Journalisten über den Buchautor zum überparteilichen Weisen führte, hat sich in seinen umfangreichen Notizbüchern vordringlich mit der Erleuchtung und ihren Formen befasst. In *Vom Ich zum Überselbst*, einem seiner aus den »Notebooks« zusammengestellten Büchern, schildert er sein erstes »Erleuchtungserlebnis«:

Mir steht das erste Mal, als ich diese erstaunliche Erfahrung machte, klar vor Augen. Damals pflegte ich, wann immer das Wetter es erlaubte, mit Vorliebe aus London zu verschwinden, um am Ufer der malerischen ländlichen Teile der Themse spazieren zu gehen. An sonnigen Tagen ließ ich mich auf der Wiese nieder, streckte die

Beine von mir und zog Notizbuch und Füllfeder aus der Tasche – denn ich wusste, alsbald würden Gedanken auftauchen, die für mich ihrem Wesen nach lehrreich und enthüllend sein würden, anders als jene gewöhnlichen, nur ausdrucksvollen.

Eines Tages, als ich auf das Aufsteigen dieser Gedanken wartete, verlor ich das Gefühl, dass es mich überhaupt gab. Ich schien mich aufzulösen und aus diesem Ort zu schwinden, aber nicht aus dem Bewusstsein. Da war etwas, eine Gegenwart, sicher nicht ich, und doch war ich mir ihrer völlig bewusst. Es schien etwas zu sein, das von großer Wichtigkeit war, die einzige Sache, auf die es ankam. Nach einigen Minuten kehrte ich zurück, fand mich wieder in Zeit und Raum vor; aber ein großer Friede hatte mich berührt, und noch immer war ein Gefühl großer Mildtätigkeit bei mir.

Sehr oft wird eine Erleuchtung – im übertragenen Sinn oder tatsächlich von übersinnlichen Lichtphänomenen begleitet – von physisch wahrnehmbaren Anzeichen angekündigt und spürbar gemacht. Dazu möchte ich noch einmal Paul Brunton zitieren, der diesen Zustand präzise beschreibt:

Eine plötzliche, überraschende, vibrierende Bewegung im Bereich des Bauches, im Solarplexus, mag ein vorübergehendes Zeichen der erfolgreichen Erweckung latenter Kräfte sein und ein körperlicher Hinweis, dass man unmittelbar vor einer bemerkenswerten mystischen Erfahrung steht. Sie tritt gewöhnlich nach einer kurzen Erholungspause von den Sorgen des Alltags ein oder nachdem man sich abends zur Ruhe begeben hat. Der Zwerchfell-muskel wird heftig zu zittern scheinen, und hinter dem Solarplexus scheint etwas wellenartig hin und her zu wogen wie eine Schlange. Diese körperliche Erschütterung klingt bald ab und sieht sich von einer angenehmen Ruhe gefolgt, und aus dieser Ruhe erwächst zugleich ein Sinn außerordentlicher Kraft, gesteigerter Kontrolle über die Tiernatur und das menschliche Selbst. Dieser Vorgang kann von einer klaren Intuition über irgendeine Wahrheit, die zu diesem Zeitpunkt gebraucht wird, begleitet sein und von einer offenbarenden Bewusstseinserweiterung bis in eine übersinnliche Wirklichkeit.

Solche »zufällig« eintretenden Erleuchtungen gleich welcher Art sollen den von ihnen Überraschten keine dauerhaften Wirkungen bescheren. Dies vermuten zumindest manche Mystiker und ihre Lehrer, so auch Philip Kapleau: »Sehr häufig kommt es durch reinen Zufall zu dem gewöhnlichen mystischen Erlebnis eines ausgeweiteten Bewusstseins, und da das mit keiner erprobten Schulungsmethode in Zusammenhang steht, einer Methode, durch die es aufrechterhalten und ausgeweitet werden könnte, bewirkt es eine ganz geringe oder gar keine Umwandlung von Persönlichkeit und Charakter und verblasst schließlich zu einer glücklichen Erinnerung.«

Diese Ansicht teile ich nicht. Glauben und Erfahrung lassen mich annehmen, dass uns Spielarten der Erleuchtung kaum von ungefähr überfallen, sozusagen aus dem Hinterhalt und ganz ohne eigenes Zutun. Das heißt, wir werden durch unser Wissen, unsere Bereitschaft und viele vorausgegangene Verhaltensweisen im Leben unsere inneren

Räume schon für die leuchtenden Besucher vorbereitet haben. Eine solche mystische Erfahrung und die Nachhaltigkeit ihrer Wirkung müssen nicht unbedingt mit einer »erprobten Schulungsmethode« zusammenhängen. Wohl aber mit dem, was wir recht banal und unmodern ein anständiges, liebevolles Leben nennen. Dass man, wenn man sich um diese Qualitäten beharrlich bemüht, leichter und sicherer in die Welten des Lichts gelangt, als wenn man nur auf den »Zufall« wartet, ist wohl auch wahr.

Das Wesen der Erleuchtung beschreibt K. O. Schmidt in seinem Buch *Meister Eckeharts Weg zum kosmischen Bewusstsein* wie folgt:

Die Erleuchtung besteht im Innewerden der Tatsache, dass »unser Verstehen jederzeit zeitlos durchstrahlt wird vom göttlichen Lichte«. Wir brauchen sie nicht zu suchen; sie sucht uns und wird uns zuteil, so wie wir für sie reif sind. Sie kann uns überkommen in einem Augenblick, da wir vielleicht am wenigsten daran denken: Sowie unsere Seele für sie bereit ist, mag ein winziges Geschehnis, eine unscheinbare Berührung sie auslösen – mit der Wirkung, dass unser Bewusstsein sich ins Kosmische weitet, sodass wir plötzlich in den tiefsten Grund der Dinge hineinsehen und in uns selbst das Universum und das Allselbst erkennen.

Die einen erleben die Erleuchtung als Gnade, andere als Erhebung zum Ewigen, wieder andere als Wahrheitserkenntnis, als geistige Erneuerung, als inneres Licht oder als Verklärung, andere als das innere Wort, wieder andere als kosmische Schau und noch andere als Aufflammen höchster Gott-Gewissheit.

»Wenn das Aufleuchten geschieht«, erklärt Paul Brunton, »tritt ein Mensch aus sich selbst heraus. Es mag auf seine Bewunderung einer schönen Szene in der Natur folgen oder auf seine Freude an einem schönen Gedicht oder auf seine entspannt gelöste Gefühlslage, aber in jedem dieser Fälle lässt er sein angespanntes Selbstbewusstsein fahren. Damit ist Platz geschaffen für den Eintritt der Gnade.«

Von der Erleuchtung zur Verklärung

Eine hohe Stufe, bei welcher der erleuchtete Mensch erkennbar von einer transzendenten Aura umgeben erscheint, ist die Verklärung. Auf einem hohen Berg, vielleicht dem Berg Tabor, wohin Jesus die eingeweihten Jünger Johannes, Jakobus und Petrus mitgenommen hatte, spielte sich die folgende Szene ab. Eduard Schuré (1841–1929), der französische Schriftsteller und Freund Rudolf Steiners, beschreibt sie in seinem Werk *Die großen Eingeweihten*:

In dem durchsichtigen Halbschatten einer orientalischen Nacht sahen die Apostel die Form des Meisters lichtvoll und wie durchscheinend, sein Antlitz leuchtend wie die Sonne und seine Kleider strahlend wie das Licht, dann zwei Gestalten zu seiner Seite, die sie für Moses und Elias hielten. Als sie zitternd erwachten aus ihrer sonderbaren Betäubung, die ihnen zugleich ein tieferer Schlaf und ein schärferes Wachen schien, sahen sie neben sich den Meister allein, der sie anrührte, um sie vollständig zu wecken. Der verklärte Christus, den sie in diesem Traum geschaut hatten, schwand nicht mehr aus ihrem Gedächtnis.

Wer den Gipfel der Erleuchtung erreicht hat, muss nicht mehr zu den üblichen Aufstiegen zurückkehren, auch wenn er sie oder einen Teil von ihnen nie begangen hat. Wenn er oben ist, braucht er nicht mehr hinab, es sei denn durch eigene Schuld. René Guénon, ein Begründer der Lehre von der »heilen Überlieferung«, das heißt des unversehrten Urwissens, bestätigt das in seinem nicht sehr einfach zu lesenden Buch *Stufen des Seins*: »Unabhängig davon, von welcher Stufe des Seins aus das Wesen die Befreiung (sprich: Erleuchtung) erlangt, besitzt es danach alle anderen Stufen, auch wenn es sie vorher nicht durchlaufen hat. Sie fallen ihm als Frucht seiner vollen Verwirklichung zu.«

Eine Erleuchtung verwandelt den Wesenskern des von ihr überkommenen Menschen und damit seine Lebensführung von Grund auf. »Nach meinem ›goldenen Erlebnis‹ spürte ich intuitiv, dass sich wie ein transparenter Schatten eine fremde Zuständigkeit in mir entwickelte«, berichtet Johannes Zeisel. »Es konkurriert nicht mit der Ichfunktion, sondern wird erst wahrnehmbar, wenn diese zurücktritt. Auch scheint es der vom Ich diktierten Lebensform fern zu stehen, wird nicht von ihr berührt, bleibt gleich in Leid und Freude.«

Abschließend zum selben Thema noch einmal Paul Brunton: »Hat ihn die GNADE weit genug geführt, wird er sich instinktiv einer inneren Gegenwart bewusst werden. Sie wird für ihn denken, fühlen, ja sogar für ihn handeln. Das ist der Anfang eines egolosen Lebens, darin liegt die Bedeutung, es zu führen.«

Mit einem Halblächeln werden wir zu Licht

Und nun schieben wir alle Kenntnisse und Erkenntnisse beiseite, um einfach etwas zu tun. Wir setzen uns gerade auf einen Stuhl, schließen die Augen und atmen regelmäßig wie immer, zuerst bewusst und dann allmählich unbewusst. Ohne Aufregung lassen wir unsere Gedanken und Gefühle versickern, bis sich eine wohltuende Stille in uns ausbreitet. Wir wollen und müssen nichts mehr. Wir sind.

Durch einen Akt der Vorstellung erfahren wir nun, wie ein sanftes Licht in uns aufscheint, wahrscheinlich in der Gegend des Solarplexus. Das Licht wird größer und vielleicht heller, aber niemals grell. Immer mehr breitet es sich aus, bis wir ganz von ihm durchdrungen sind. Dann tritt das Leuchten oder Schimmern auch über die Konturen unseres Körpers hinaus, wir sind Schimmer oder Licht innen wie außen. Während wir weiteratmen, wird uns bei jedem Einatmen bewusst: »Ich bin Licht.« Dann versinkt auch dieser Gedanke, wir denken nicht mehr, dass wir Licht sind. Wir sind es.

Diese Übung können wir täglich wiederholen, überall, wo wir ein paar ungestörte Minuten haben, und natürlich auch abends im Bett liegend, nachdem wir das Licht gelöscht haben. Gut ist es, wenn wir dabei im Gesicht die Andeutung eines Lächelns aufziehen, ein Halblächeln, wie wir es von Buddhas und anderen Weisen kennen. Früher oder später, wahrscheinlich schon bald, wird sich die Wirkung dieser scheinbar einfachen Übung bemerkbar machen.

Weit über die wenigen Minuten der Übung hinaus kehrt eine Harmonie und sichere Gewissheit in uns ein, die unserem Alltagsleben ein Fundament innerer Ruhe und Unverletzlichkeit schenkt. Ohne das Erlebnis einer äußeren Lichterscheinung kann man so dem Ziel näher kommen, sein eigenes Ideal im Licht zu sein. Nicht das Spiegelbild, sondern die Vision des Lichts zählt.

KAPITEL ACHT

Wenn Licht mit Engelsflügeln zu den Menschen kommt

Engel, die geistigen Wesen aus geflügeltem Licht

Untrennbar mit dem Licht verbunden sind die Engel. Daran ändert nichts, dass viele Menschen nicht an sie glauben. Auch Protestanten etwa, denen eine gewisse Sachlichkeit eigen ist, haben mit Engeln wenig im Sinn. Vielfach werden die Engel einfach ins Land der Fabeln verwiesen, wo schon der Weihnachtsmann haust. Wenn diese Menschen über ein paar »unerklärliche« Ereignisse und Begegnungen nachsinnen würden, die auch dem Ungläubigsten im Lauf des Lebens widerfahren, könnten sie ihre Meinung ändern. Aber das tun sie nicht gern.

Man kann den Glauben an die Engel aus einem konkreten Wissen über sie schöpfen oder das Wissen von ihnen dem vorher entstandenen Glauben entnehmen. Jedenfalls irren die Leute, die meinen, dieser Glaube müsse sich »konkret« beweisen lassen. Oft sind ja die Engel mit ihren verschlungenen Geschichten und Auftritten nur Symbole dessen, was der eigentliche Inhalt ihrer Erscheinung ist. Man schafft den Glauben und Gott und seine Engel nach den Vorstellungen und Möglichkeiten, die man als irdischer Mensch besitzt.

Die Wahrnehmung von Engeln, das Sehen und Hören und Fühlen, erfolgt oft nicht mit den Sinnesorganen, sondern mit der inneren Vorstellungskraft, einer schöpferischen Imagination. Mehr als andere Lichtwesen bemühen sich Engel, uns Botschaften zu übermitteln. Dabei sprechen sie zu uns oft nicht in der Menschensprache, sondern in Bildern, Begegnungen und Symbolen, die unser Unbewusstes auffängt und als Worte und Erkenntnisse in uns hochkommen lässt.

Außer den Engelchören der zehn Sphären im Baum des Lebens gibt es noch viele andere Engelscharen. Ich nenne nur die erhabenen Wesen, die in der Natur wirken und die Elementargeister anleiten. Sie werden wie im Fernen Osten auch bei uns häufig Devas genannt, aber ihrer Art nach sind sie für uns Engel. Auch die Musen, in der griechischen Antike zu Einzelwesen komprimiert, sind Engelscharen. Wer in der richtigen Einstimmung eine Kunst ausübt, wer musiziert, malt, singt, tanzt, dichtet oder Kunst auf sich wirken lässt, und sei er noch so bescheiden, wird die Anwesenheit dieser Engel durch einen Zuwachs an Glücklichsein erkennen.

Engel haben – wie alle Erscheinungen der höheren Reiche – das Aussehen, den Glanz, die Form, die Farbe, die wir ihnen mit unserer Vorstellung geben. Für viele Menschen in aller Welt sind sie Lichtgestalten, deren Aussehen sich nach der jeweiligen Rasse und ihrem Kulturkreis richtet. Doch kann ein Engel genauso eine Lichterscheinung ohne menschliche Züge sein, eine schimmernde Sphäre oder eine hell blitzend rotierende Kugel, ein golden flammender Pilaster oder nur ein überirdisches und nicht fixierbares Strahlen. In den westlichen Ländern erscheinen Engel, wenn wir sie wahrzunehmen glauben und nicht nur als beseligendes Gefühl oder ein in uns aufsteigendes Wort, uns meist in Gestalten, wie sie unsere größten Künstler auf ihren Gemälden und in ihren Plastiken visionär dargestellt haben.

Begegnung mit einem Engel

Eine Freundin, die im englischen Ort Farnham in einem Altenheim arbeitete, erzählte uns, wie sie durch eine Augenzeugin von der Existenz von Engeln erfahren hatte: »Eines Tages kam ich unverhofft auf die Idee« – und ich kann mir schon vorstellen, wer sie so »unverhofft« auf diese Idee gebracht hatte –, »eine der sehr alten von mir betreuten Insassinnen des Heims zu fragen, ob sie je im Leben einem Engel begegnet sei.«

Die alte Frau sah sie erstaunt an. »Es ist merkwürdig, dass Sie mich danach fragen«, antwortete sie. »Fast mein Leben lang habe ich nicht mehr daran gedacht. Vielleicht wollte oder sollte ich nicht mehr daran denken. Aber vor sehr vielen Jahren habe ich tatsächlich einen echten Engel gesehen.« Und sie berichtete:

Als sie noch ein sehr junges Mädchen war, fast ein Kind, wurde ihr zum ersten Mal bewusst, dass jedes Menschenleben auf den Tod zu verläuft. Im Haus neben ihrem Elternhaus wohnte ein alter Mann. Solange sie sich erinnern konnte, war er immer schon sehr alt gewesen, und jetzt war er natürlich noch älter. Außer kurzen und unverbindlichen freundlichen Gesprächen über den Gartenzaun pflegten die Eltern und der Nachbar keine näheren Beziehungen. Aber das kleine Mädchen mochte ihn gern. Wenn er sie freundlich ansah, kam es ihr vor, als liege in seinem nachdenklichen Blick ein Geheimnis, als wisse er etwas, was die anderen noch nicht wussten. Nachdem man sich von ihm verabschiedet hatte und weiterging, fühlte man sich stets besser.

Von einem bestimmten Tag an verließ der alte Nachbar das Haus nicht mehr. Aus den Gesprächen, welche die Eltern mit der alten Frau des Mannes über den Zaun führten, erfuhr das Mädchen, dass er schwer krank war. Ihr fiel auf, dass der Arzt häufig mit seinem Wagen vor dem Haus des Nachbarn hielt und mit eiligen Schritten, seine Arzttasche in der Hand, ins Haus ging. Bald kam er jeden Tag. Das Leben des Nachbarn, erklärten die Eltern ihrer Tochter, näherte sich dem Ende. Aber er fürchtete sich nicht.

»Sollten wir ihn nicht einmal besuchen?«, fragte sie. »Ich könnte ihm einen Strauß Blumen bringen.«

Aber die Eltern wehrten ab. »Wir dürfen ihn jetzt nicht stören. Nicht indiskret sein.«

Die Greisin im Altenheim machte in ihrer Erzählung eine Pause. Unsere Freundin sah ihr an, dass sie plötzlich tief bewegt war. Wie lange das Ereignis auch zurückliegen mochte, wie sehr sie die Erinnerung daran in ihrem Inneren vergraben und zugedeckt hatte, jetzt war es wieder in seiner einstigen Wirklichkeit in ihr lebendig.

»Als ich eines Nachmittags wegen einer Besorgung am Nachbarhaus vorbeiging«, erzählte sie schließlich weiter, »glaubte ich, aus einem Fenster im Erdgeschoss ein besonderes Licht herausscheinen zu sehen. Ich blieb stehen und trat dann näher. Die Vorhänge waren nicht zugezogen, sodass ich hineinsehen konnte.

Auf eine Couch in der Mitte des Raums gebettet lag der

alte Mann. Er bewegte sich nicht, und ich konnte nicht erkennen, ob er die Augen geschlossen hatte. Neben dem Liegenden, ein wenig über ihn geneigt, stand eine hohe Gestalt in einer Art Gewand, wie ich es nie mehr im Leben gesehen habe. Ohne ganz feste Konturen bestand es aus hin- und herfließenden, manchmal aufblitzenden Farben, golden, lila, weiß, tiefblau, und seine Umrisse schienen sich mit einem Schimmer im Raum fortzusetzen. Das Gesicht der Erscheinung konnte ich nicht erkennen. Ich war überzeugt, dass sie auf ihrem Rücken ein paar mächtige Flügel trug.

Jetzt streckte sie ihre Arme vor und hob den alten Mann waagrecht von seiner Liege auf. Obwohl ich genau sah, wie sie ihn vor ihrer Brust trug, lag er gleichzeitig nach wie vor regungslos auf seiner Couch, und ich wusste plötzlich, er war gestorben. Er war nun doppelt. Nur schien mir seine zweite Gestalt, welche die engelhafte Erscheinung trug, weniger körperlich zu sein, federleichter, fast ein wesenhaftes Luftgebilde, kein Mensch mehr, sondern nur noch ein Abbild.

Die Erscheinung drehte sich nun mitsamt dem, was sie trug, dem Fenster zu. Erschrocken legte ich unwillkürlich die Hände über meine Augen. Als ich sie rasch wieder wegzog, durchquerte der Engel mit dem Abbild des alten Mannes in den Armen gerade als eine sich auflösende gewaltige Lichtfigur fliegend das Fenster und verschwand, ohne dass ich sagen konnte, wohin.

Ich vergaß meine Besorgung und lief zurück zu meinen Eltern. ›Ich habe einen Engel gesehen!‹, rief ich aufgeregt und erzählte ihnen, was ich erlebt hatte.

Mein Bericht schien sie zu erschrecken, sie warfen sich merkwürdige Blicke zu. Nach einem betretenen Schweigen gab sich der Vater einen Ruck. Er verbot mir, mit irgendjemand über das zu sprechen, was ich ›zu sehen geglaubt hatte‹. Er untersagte mir, jemals wieder mit ihnen darüber zu reden, und er befahl mir mit ungewohnt strenger, fast drohender Stimme, das ›so genannte Ereignis‹, wie er es nannte, zu vergessen und nie mehr daran zu denken.

Als folgsame Tochter habe bis heute gehorcht.«

Spekulationen über die Engel und ihre Zahl

Engel gab und gibt es in den meisten Weltreligionen und kleineren Glaubensrichtungen, auch wenn sie dort oft nicht so heißen. Stets sind sie Lichtwesen und Mittler zwischen Gott und den Menschen, Botschafter und Verkünder des höchsten in Licht getauchten Worts, Schutzengel für die Guten und Bestrebten, Vollstrecker der göttlichen Absichten. Schon ganz früh hat sich die christliche Kirche mit ihnen und ihrem Wirken befasst. Renzo Lavatori, Engelspezialist der vatikanischen Universität, berichtet in seinem Buch *Gli Angeli* (»Die Engel«):

Für Clemens von Alexandrien (150 – ca. 215, ein früher einflussreicher Kirchenvater) sind die Engel Instrumente oder Mittler zwischen dem Menschen, der sich auf den Weg macht, Gott zu erkennen, und dem Wort oder Logos, in dem das strahlende Licht der göttlichen Wahrheit leuchtet. So lassen die Engel, die am Licht des WORTS teilhaben, dieses Licht sich in den Menschen widerspiegeln, damit diesen die absolute Betrachtung der Wahrheit in der Freude ihrer eigenen Vollkommenheit gelingt.

Aus diesem Grund wird die Natur der Engel als »denkendes Feuer« beschrieben.

In der *Göttlichen Komödie* von Dante Alighieri (1265–1321) wimmelt es von Engeln. Ihre Beschreibung kommt der Wirklichkeit vielleicht näher als manche andere im guten Glauben gegebene Schilderung. Darüber lesen wir bei Lavatori:

> Die Engel werden wie von einem Licht überflutet dargestellt, dem das menschliche Auge nicht standhalten kann. Deshalb sind sie, weil sie auch ein unbeschreiblich leuchtendes Wesen haben, nicht vollständig sichtbar, und so bewahren sie die Bedeutung ihres Geheimnisses als unzugänglich für die Menschen.
> So wird ihre liebevolle und wachsame Gegenwart betont, aber zugleich auch ihre transzendente Überlegenheit bestätigt. Tatsächlich wird der Engel (bei Dante) nie in figurativen Ausdrücken beschrieben, er entzieht sich jeder rein visuellen Festlegung.

Über die Zahl der Engel hat es seit jeher Spekulationen gegeben. Albertus Magnus (1193 – ca. 1280) zum Beispiel, ein Gelehrter und Dominikaner und späterer Bischof von Regensburg, der für seine Studien auch byzantinische, arabische und jüdische Kommentare benutzte, stellte folgende Rechnung auf: Jeder der neun Engelchöre umfasst 6666 Legionen, jede Legion zählt 6666 Engel. Wenn mich mein kleiner erschreckter Rechner nicht getrogen hat, sind das insgesamt 399 920 004 Engel.

Einigen Kabbalisten des 14. Jahrhunderts war das nicht

exakt genug. Sie errechneten eine Anzahl von 301 655 722 Engeln. Schon früher hatten mehrere alte Kirchenväter die Vorstellungen des griechischen Philosophen Aristoteles (384–322 v. Chr.) über die Zusammenhänge der Lichtkörper des Universums, der Sterne, mit den Engeln wieder aufgenommen. Sie glaubten, jeder Stern werde von einem Engel bewegt und geführt. Demzufolge wäre die Zahl der Engel, über die so viele Vermutungen angestellt worden sind, mit der Anzahl aller Himmelskörper gleich – also fast unendlich.

Wir wollen uns an diesen Spekulationen jedoch nicht beteiligen. Wie viele dieser von uns Engel genannten Lichtwesen das Universum bevölkern, wissen wir nämlich auch nicht.

Die Feinde der Engel schlafen nicht

Gewiss unzählbar sind auch die Gegenspieler der Engel. Wir alle werden von ihnen umschwirrt, drangsaliert, attackiert und, wenn sie es schaffen, herabgezogen in Tiefen, die obendrein meist in unserem Inneren liegen. Warum der Weltgeist sie zugelassen hat und immer noch zulässt, ist eine der Fragen, die sich die Menschheit fast von Anbeginn gestellt und nie befriedigend beantwortet hat. Man kann sie Dämonen nennen, negative Energien, Satane und Teufel. An ihrer unerwünschten Wirkungsweise ändert das Etikett wenig.

Einen besonderen Rang in ihrer Heerschar nehmen die so genannten gefallenen Engel ein. Luzifer, einst selbst strahlender Erzengel, ist ihr berühmtester Vertreter. Der

Name Luzifer, »der Lichtträger«, spielt auf seinen Glanz und sein Leuchten an, die von ihm ausgingen, bevor er in einem Kometenschweif von Hochmut aus dem Himmel fiel. Er ist nun zum Feind des Lichts, das heißt der weißen Magie und Spiritualität, geworden. Guénon weiß zu berichten, dass die Schale des Grals, des heiligen Pokals, von Engeln aus einem Smaragd geformt wurde, der Luzifer bei seinem Himmelssturz aus der Stirn gefallen war. Wir müssen nicht lange herumrätseln, was dieses Herausfallen des Edelsteins aus der Stirn bedeuten könnte: Weil er sich gegen Gott stellte, verlor Luzifer sein drittes Auge.

Maldorors schrecklicher Kampf mit dem Engel

Eine unheimliche, grausige und doch faszinierende Schilderung eines Zweikampfs der Verkörperung des Bösen mit einem Engel hat der französische Dichter Isidore Ducasse gegeben, der unter dem Pseudonym Comte de Lautréamont schrieb. In seinen *Gesängen des Maldoror*, die hinter dem gedichteten Phantasiegebilde die Möglichkeit eines Schrecklichen ahnen lassen, beschreibt er die böse Kraft Maldoror, der in der Kirche einen Engel anfällt, der sich im Licht einer Lampe verbirgt.

Mit einem Steinwurf schneidet er die Kette entzwei, an der die Lampe hängt. Sie fällt hinunter auf den Kirchenboden:

Er ergreift die Lampe, um sie hinauszutragen, aber sie wehrt sich und wird größer. Es scheint ihm, als würde er an ihrer Seite Flügel sehen, und der obere Teil ist wie der

Oberkörper eines Engels geformt. Das Ganze möchte sich in die Luft erheben, um sich zum Flug aufzuschwingen; aber er hält es mit starker Hand zurück.

Eine Lampe und ein Engel in einem einzigen Leib, so etwas sieht man nicht oft. Er erkennt die Form der Lampe; er erkennt die Form des Engels; aber er kann sie mit seinem Verstand nicht auseinander halten; tatsächlich sind sie auch die eine mit der anderen verhaftet und bilden nur einen einzigen unabhängigen und freien Körper; aber er glaubt, dass eine Art Wolke seine Augen verschleiere und ihm etwas von seiner vortrefflichen Sehschärfe genommen habe. Trotzdem bereitet er sich mit Mut auf den Kampf vor, denn sein Gegner hat keine Angst ...

Während er grausame Wunden von einem unsichtbaren Schwert empfängt, bemüht sich der Mann im Mantel (Maldoror), seinen Mund dem Gesicht des Engels zu nähern ... Dessen Kraft schwindet und er scheint zu ahnen, was ihm droht ... Und nun ist der Augenblick gekommen. Mit seinen Muskeln würgt er die Kehle des Engels, der nicht mehr atmen kann, und biegt dessen Gesicht nach hinten gegen die eigene schreckliche Brust. Es ist ein Augenblick, in dem ihn das Schicksal rührt, das dieses himmlische Wesen erwartet, das er gern zu seinem Freund gemacht hätte. Aber er sagt sich, dass dies ein Abgesandter des Herrn ist, und er kann seinen Zorn nicht mehr zügeln.

Jetzt ist es geschehen; etwas Entsetzliches kehrt in den Käfig der Zeit ein! Er beugt sich vor und berührt mit seiner speichelnden Zunge die Wange des Engels, der bittend zu ihm hochblickt. Mehrmals fährt er mit der

Zunge über diese Wange. Oh! ... seht! ... seht doch!...
Die weiße und rosige Wange ist schwarz geworden, wie
Kohle!... Das fressende Übel verbreitet sich über das
ganze Gesicht, und von dort aus greift es rasend auf die
unteren Partien über ... Er hebt die Lampe auf und flieht
aus der Kirche.

Einmal draußen, erkennt er in den Lüften eine schwärz-
liche Gestalt, mit verbrannten Flügeln, die ihren Flug unter Mühen auf die Sphären des Himmels zu richtet. Die
beiden sehen sich an, während der Engel den lichten Höhen des Guten zustrebt und er, Maldoror, im Gegenteil
in die schwindelnden Abgründe des Bösen hinabsteigt...
Was für ein Blick! Alles, was die Menschheit seit sechzig
Jahrhunderten gedacht hat und was sie noch denken
wird, in den kommenden Jahrhunderten, wäre leicht
darin enthalten, so viele Dinge teilten sie sich mit, in diesem letzten Adieu.

Dieser Blick verband sie in ewiger Freundschaft. Er
staunt, dass der Herr Sendboten von solchem Seelenadel
ausschicken könne ...

So bleibt der Engel letzten Endes doch unbesiegt. Daran ändert nichts, dass er im Kampf gegen das Böse scheinbar eine
Niederlage erlitten hat. Das geschieht vielen Engeln, wenn
sie um eine Menschenseele kämpfen und gegen die finsteren Kräfte nicht gewinnen können. Aber immer nimmt das
Licht der hohen Sphären sie wieder auf und entlässt sie
leuchtend zu ihren neuen Aufgaben.

Der Dichter dieser dunklen Vision, Isidore Ducasse alias
Comte de Lautréamont, 1846 geboren als Sohn des späteren französischen Konsuls in Montevideo, Uruguay, kam

mit 21 Jahren nach Paris. Dort, in einem gemieteten Zimmer, begann er die *Gesänge des Maldoror*. Sein Zimmer war möbliert mit einem Bett, zwei Koffern voller Bücher, einem Stuhl und einem Klavier. Er schrieb nachts auf hunderte von losen Blättern, während er unzählige Tassen Kaffee trank und – am Klavier sitzend und Phantasien spielend – laut vor sich hinsprach, was er dann aufs Papier warf.

Welcher Dämon und welcher Genius ihm die Feder führte, lässt sich nicht sagen. Ein spiritueller Mensch im heute landläufigen Sinn war er sicher nicht. »Der Comte de Lautréamont ist einer jener luziferischen Aerolithen (Meteoriten)«, meinte Friedhelm Kemp in der Zeitschrift *Die Fähre,* »deren in raschen Blitzen verflammende Bahn den unvorbereiteten Betrachter mit einem aus Staunen, Entzücken und Entsetzen gemischten Gefühl bestürzt: Ihre Erscheinung ist immer ein Skandalon und ein Mysterium ... «

Isidore Ducasse starb 24-jährig im November 1870, im von den Deutschen belagerten Paris, in seinem Zimmer in der Rue du Faubourg-Montmartre 7 an der Schwindsucht. Hoffen wir, dass er die Regionen des Lichts trotz allem noch erreichte – wenn auch vielleicht mühsam und mit stark geschwärzten Flügeln.

Wir alle sind im Leben Engeln begegnet, und Engel haben sich unser angenommen. Mag sein, womöglich erkannten wir sie nicht. Vielleicht aber benutzten sie auch Freunde von uns, Geliebte oder sogar Zufallsbekannte als menschliche Helfer, um selbst unerkannt zu bleiben. Der Dichter Ernst Jünger – damals immerhin schon 91 Jahre alt (er sollte ja über hundert werden) – legte in *Zwei Mal Halley* darüber Zeugnis ab, auch wenn er es nicht direkt so sehen oder sagen wollte:

> Nach Mitternacht weckte mich eine Dankeswelle für Eltern, Lehrer, Kameraden, Nachbarn, unbekannte Freunde, ohne deren Hilfe ich nie mein Alter erreicht hätte. Meine Knochen würden in der Sahara bleichen, in einem Granattrichter modern; ich würde in Lagern oder Zuchthäusern verschmachtet sein. Wer weiß, wer für mich eintrat, wo um Köpfe gehandelt wurde, wer für mich Akten fälschte oder verschwinden ließ. Man sagt: »Freunde in der Not gehen hundert auf ein Lot.« Aber einer genügt: Ich habe gute Erfahrungen. Ob bei leichten Havarien, ob in schweren Katastrophen – es war immer einer da. Das kann kein Zufall sein.

So sehen wir, die wir an Engel glauben, das auch.

KAPITEL NEUN

Nachts reisen wir
in Welten des Lichts

Das Licht, in dem die Träume schweben

Nachts reist die Seele ins Licht und bringt das, was sie dort erlebt, in den Körper des Reisenden zurück, in sein Gehirn, in seine Stimmungen. So kommt es, dass mitunter am Tag in uns plötzlich wie eine Erleuchtung Wahrheiten, auch gefühlte Wahrheiten, aufsteigen, ohne dass wir wissen, wieso das geschieht.

Der Schlaf ist zudem, in anderer Form, die Fortsetzung unserer Tätigkeiten und Gedanken im wachen Zustand. Wer im wachen Teil des Tages in höheren Ebenen zu leben versucht, das heißt im Licht, wird auch nachts im Schlaf durch die lichten Welten reisen und leichter Wertvolles gewinnen – und umgekehrt.

Viele Menschen freuen sich auf den Schlaf, nicht wenige fürchten ihn. »Hinsichtlich des Schlafs«, sagt der Dichter Baudelaire, »dieses finsteren Abenteuers, das sich jeden Abend wiederholt, kann man sagen, dass die Menschen täglich mit einer Kühnheit einschlafen, die unbegreiflich wäre, wüssten wir nicht, dass sie der Unkenntnis der Gefahr entspringt.«

Obwohl die Nacht mit ihrer Schwärze der Gegenpol des

hellen Tages ist, brechen in unseren Schlaf, während wir mit geschlossenen Augen daliegen, die Lichterlebnisse ein. Wir wissen davon aus einer kleinen Zahl von Träumen, an die wir uns beim Aufwachen erinnern. Häufig sind diese Erinnerungen ein wenig wie Urlaubsfotos, die wir später in der Sicherheit unseres Zuhauses betrachten und von denen wir nicht mehr genau wissen, wo und was und wann das war. Was unsere Träume angeht, so können wir uns jedoch bemühen, aus dem scheinbar Unbekannten die Symbole herauszufiltern, die sie enthalten.

Wenn in unseren Träumen das Licht direkt erscheint, sei es als Sonne, blendendes Licht oder auch als Lampe, Kerze, Strahlen in einem dunklen Raum, ist es ein Ausdruck vitaler oder spiritueller Energie, die nun verfügbar geworden ist. Doch abgesehen von den Feuerträumen, bei denen wir das Feuer meist direkt zu sehen glauben, sind direkte Lichtträume eher selten. Das heißt, wir sehen die Quelle des Lichts meist nicht direkt. Aber die Szenerie, die wir im Traum erleben, ist eingetaucht, eingehüllt in ein ganz bestimmtes, magisches Licht, in die Atmosphäre einer besonderen indirekten Beleuchtung. Wir sind uns dessen auch manchmal bewusst, denn das Bewusstwerden ist während wir schlafen und träumen nicht ausgesperrt, auch wenn es dann ganz anderen Regeln folgt.

Im Traumzustand baut sich der Mensch ja eine eigene, oft ganz bizarre Welt, deren Schöpfer er ist. In dieser Welt ist er selten der Beobachter im Hintergrund, meist spielt er darin die Hauptrolle. Anders als in der wachen Welt werden zugleich alle weiteren Rollen im Prinzip vom Träumenden gespielt, selbst wenn er das nicht wahrnimmt. Aber er ist ja auch der Schöpfer dieser Rollen.

Weil der Schlaf unter anderem die Fortsetzung unserer Tätigkeiten und Gedanken im Wachzustand ist, sind für das, was dann im Schlaf geschieht, die letzten Minuten und Sekunden dieses noch wachen Zustandes von größter Bedeutung: Sie sind es ja, mit denen wir, während unsere konkreten Vorstellungen verblassen, durch das geheimnisvolle Tor vom äußeren in den inneren Zustand gleiten.

Ins Praktische übersetzt heißt das, dass wir uns bemühen sollten, mit guten Gedanken und Vorstellungen einzuschlafen. Oft hilft es uns wenig, wenn wir den ganzen Tag im Einklang mit unseren guten Seiten und denen der Welt verbracht haben. Falls plötzlich vor dem Einschlafen noch ein böser oder sonst wie negativer Gedanke in uns hochschießt, oder die Erinnerung an eine ungute Szene, an eine Niederlage unserer positiven Seiten, dann sind das die Erinnerungen, die uns in den Schlaf und in die Transzendenz begleiten werden. Auch Angst vor dem nächsten Tag und Mutlosigkeit haben in den letzten Momenten des Wachseins nichts zu suchen. Andernfalls müssen wir uns nicht wundern, dass wir am nächsten Morgen, dem an sich guten vergangenen Tag zum Trotz, mit einem schalen Gefühl in der Seele erwachen, das uns vielleicht nicht nur das Aufstehen verdirbt.

Damit wir uns dem nicht aussetzen, hier eine Übung, die wir regelmäßig vor dem Einschlafen machen können. So stellen wir uns, während uns die Augen zufallen, noch einmal eine besonders schöne, man kann ruhig sagen wertvolle Begebenheit des nun vergangenen Tages vor. Am besten haben wir diese Szene schon ausgewählt, damit wir bereit sind, wenn der Schlaf seine Segel aufzieht und uns vielleicht ein plötzlich einsetzender Wind ganz schnell davonträgt.

Womöglich noch besser, weil mit mehr Symbolwert und aufbauender Tiefenwirkung für unsere geistige Gegenwart und Zukunft, ist die folgende Übung. Sie bedarf keinerlei profunder Kenntnisse irgendeines esoterischen Systems. Ihre Antriebsmittel sind unsere Phantasie, unsere Bereitschaft, unsere Freude darauf. Auch diese Praktik üben wir vor dem Einschlafen, wenn wir das Licht gelöscht haben. Und wieder sollten wir damit etwas früher beginnen als im letzten Moment. Das heißt, nicht todmüde ins Bett fallen oder mit äußerster Kraft gerade noch das Kapitelende eines Buchs erreichen. Ein paar Reserven müssen wir schon noch haben, damit wir unsere Vorstellungen richtig aufladen und kraftvoll auf die andere Seite des Lebens mit hinübernehmen können.

Wenn im Rahmen des uns Möglichen Ruhe in uns herrscht, konzentrieren wir uns darauf, aus dieser Ruhe eine lichtvolle Erscheinung aufwachsen zu lassen. Konzentrieren heißt hier nicht, mit zusammengebissenen Zähnen zu versuchen, diese Erscheinung gewaltsam und haarscharf in den Mittelpunkt unserer inneren Wahrnehmung zu zerren. Wir begnügen uns damit, sie mit einer starken emotionalen Erwartung wahrzunehmen und davon überzeugt zu sein, dass sie wächst.

Was wir uns vorstellen wollen, hängt ganz von unserer Intuition ab. Es kann eine Lichtgestalt sein, eine hell leuchtende magische Sphäre, auch ein Engel oder die Sonne, die sich dann vielleicht in uns auflösen wird. Ich liebe es, mich einfach als in Licht getaucht zu empfinden, als ein Ideal im

Licht, und zwar nicht mit einer präzisen Optik der Phantasie, sondern mit der Emotion und Intuition eines besonderen, leuchtenden Zustandes. Was immer wir für diese spirituelle Übung als Vorstellung gewählt haben, wir halten es mit guten Gefühlen fest, bis wir damit in den Schlaf hinübergleiten.

Mit magischen Worten holen wir uns das Licht

Diesmal beginnen wir, sobald wir im Bett liegen und es im Raum dunkel ist, mit einer magischen Anrufung. Das können eine oder auch alle drei göttlich-menschlichen Kardinaltugenden sein (»Stärke«, »Liebe«, »Weisheit«), ein Mantra (etwa »Aum, Aum, Aum«) oder eine Anrufung der höchsten Macht durch einen Gottesnamen (Ich wähle gern das kabbalistische »Ehejeh« – »Ich bin!«). Unerlässlich ist, dass man diese Anrufung, das Wort, das Mantra, den Gottesnamen auch sonst stets bei seinen spirituellen Arbeiten verwendet. Ein magisches Vehikel, das nicht aufgeladen ist, ist nur ein Vehikel ohne Magie.

Nach dieser Anrufung, die wir – auf dem Rücken liegend – möglichst mit gegen die Zimmerdecke hochgestreckten Armen ausgeführt haben, legen wir die Handflächen auf unsere Oberschenkel. Nun konzentrieren wir uns ausschließlich wieder auf den Gedanken: »Ich bin Licht!« Allmählich verwandelt sich der Gedanke in eine Vorstellung, eine Wahrnehmung, bis er ganz zurücktritt. Unser Gewicht scheint sich aufzulösen, und wir fühlen, dass wir bis in unser Innerstes leuchten, und womöglich erkennen wir es sogar mit geschlossenen Augen. Dann lösen wir auch dieses Erkennen auf und warten in einer heiligen Leere.

Warum ich das zum ersten Mal machte, kann ich mit dem Verstand nicht sagen. Ich tat es einfach, eines Nachts. Sehr bald traten die schon bekannten Gefühle ein, die von den Füßen wie Wellen zu den Oberschenkeln hochflossen. Von selbst ging der Atem tiefer und schneller. Es waren beseligende Gefühle, die tatsächlich wellenförmig durch den Körper hochzogen, wobei ich den Eindruck bekam, als würde auch dieser sich wellenförmig bewegen, vor allem in der Gegend des Solarplexus. Dann verlor er sein Gewicht, ich schwebte etwas hoch. Aber zugleich, wenn auch aus großer Ferne, spürte ich noch meine Berührung mit der Unterlage. Die Levitation war nicht physisch, sondern rein geistig-emotionaler Art. Plötzlich wusste ich, dass ich leuchtete.

Langsam versank das Erlebnis, und ich kehrte in meinen normalen Zustand des Wachseins im Dunkeln zurück. Aber eine unsagbar wohltuende Leichtigkeit, wie eine Erlösung, ein Glück, blieb in mir, bis ich wirklich einschlief. Es spülte seine schwachen Ausläufer wie eine sich verlaufende Welle am Strand auch noch über mein Aufwachen am nächsten Morgen. Ich ahnte, mir war ein Zipfelchen des alten griechischen Ideals geschenkt worden: Harmonie und Heiterkeit.

Natürlich versuchte ich es in der nächsten Nacht gleich wieder. Nichts geschah. Auch in den darauf folgenden Nächten stellte sich das Erlebnis nicht wieder ein. Ich begann zu verstehen, dass man eine solche Erfahrung wahrscheinlich durch einleitende Praktiken und Verhaltensweisen herbeilocken, aber nicht erzwingen kann. Sie wird uns nur zuteil, wenn wir zugleich im Zustand der Gnade sind.

Auf natürliche Weise, wenn wir nicht ganz schnell ganz tief abgestürzt sind, wird diese Erfahrung zurückkehren, irgendwann. Dann werden diese beseligenden Wellen, die etwas transportieren, das mehr ist als Gefühle, schnell auch über den Solarplexus hinausziehen und als Licht die Zone des dritten Auges erreichen. Das Gesicht wird sich wohl verziehen, ist vermutlich von einem Anschein des Auseinanderlaufens übergossen, und ein Lächeln breitet sich spürbar und unwiderstehlich darauf aus.

Das ist dann keine Lichtgestalt mehr, die vor dem dritten Auge erscheint, kein Engel oder eine der hohen Figuren aus unserer christlichen Sphäre oder sonstigen Mystik, nichts mehr, was sich klassifizieren, einordnen lässt, sondern nur das gedankenleere, wundervolle Strahlen, verbunden mit dem Gefühl einer geradezu göttlichen Einheit. Nie war man so wie in diesen strahlenden Augenblicken, und wenn man zurückkommt, weiß man, was der göttliche Funke ist.

Das leuchtende Geheimnis hat viele Namen

»Was ist das Geheimnis jenes Zustandes, wenn der Körper reglos sitzt, steht oder ausgestreckt liegt, wenn die Gedanken zur Ruhe kommen und die Gefühle eine erlesene Stille betreten?«, fragt Paul Brunton.

Es sind ihm vielerlei Namen gegeben worden, denn es nimmt einen Menschen heraus aus dieser vertrauten alltäglichen Welt und stellt ihn in eine äußerst geheimnisvolle …

Versteht man, dass der Ursprung dieser mystischen Augenblicke das eigene Selbst ist, dann versteht man auch, dass der kürzeste und schnellste Weg, sie wiederzuerlangen, darin besteht, direkt zu diesem Selbst zu gehen, und dass der sicherste Weg, ihres Segens ein Leben lang nicht verlustig zu gehen, darin besteht, dieses Selbst nie aus den Augen zu verlieren …

Keiner erlangt das Aufleuchten auf Grund irgendeines Privilegs, sondern durch Vorbereitung und die Herstellung des Gleichgewichts, mit einem Maß an Läuterung. Das Gleichgewicht herzustellen bedeutet, die Gefühle zu beschwichtigen, wo und wann es vonnöten ist, und sie zu vertiefen, von erlesener Feinheit zu machen.

Nicht ohne Komik ist die Schilderung, die Johannes Zeisel von seinen – auch gelungenen – Versuchen gibt, nachts im Bett die Gedanken auszuschalten:

Ich nahm mir vor, den Bewusstseinsraum völlig zu entleeren, was dann geschah … Es erforderte hohe Konzentration, jeden auftretenden Impuls sofort abzufangen, jede Imagination abzuschneiden. Ich selbst befand mich dabei an der äußersten Grenze des Raumes, zu einem Nichts verdünnt, leer, aber doch beobachtet.

Nach einiger Zeit gelangte ich in einen Zustand völliger Ruhe. Ich versuchte dies öfters nachts vor dem Einschlafen. Es war ein seltsames Wachsein, in dem ich völlig klar dalag und doch zu schlafen schien. Mein Körper fing an zu schwingen und vibrieren, als wäre er in einer ungeheuren Spannung. Aber dies gehörte einer Ebene an, die meinen Zustand nicht beeinträchtigte, mein Bewusstsein nicht belastete und erfüllte. Meine Gedanken ruhten völlig. Der Zustand war faszinierend und total beruhigend zugleich, und ich glaube, eine Stunde davon hätten viele Stunden Schlaf ersetzt.

Leider war die Freude insofern nicht ungetrübt, weil meine Frau mit dem Beginn dieses Zustands sofort aus tiefstem Schlaf erwachte und sich diesen Unsinn verbat. Ich musste also in das entfernteste Zimmer gehen, wenn ich meinen Übungen frönen wollte.

Sobald Zeisel sich nicht mehr auf die Gedankenleere konzentrierte, füllte sich sein Bewusstseinsraum wieder mit Figuren und Szenen, die aus dem Unterbewusstsein in seine Vorstellungen zurückströmten: Er machte Reisen in unbekannte orientalische Länder, ging durch riesige Wälder und gewaltige Mauern, gebot Ungeheuern, sah Figuren, Gesichter, Symbole, Entsprechungen, archaische Bilder.

Ähnliches schildert Fernando Pessoa: »Manchmal, nachts, schließe ich die Augen und nehme eine Folge kleiner Bilder wahr, die sehr schnell sind, sehr scharf (so scharf wie die Dinge der äußeren Welt). Es sind fremdartige Figuren, Muster, symbolische Zeichen, Zahlen.«

Von diesem astralen Sehen bis zum Aufleuchten des Überselbst ist es ein weiter Weg, wenn es nicht überhaupt ein Irrweg ist. Auch Johannes Zeisel erlebte offensichtlich weder in diesem Zustand noch in dem der Gedanken- und Vorstellungsleere ein direktes Licht. Vielleicht hatte er es nicht erwartet und ersehnt. Trotzdem erschien ihm seine Erfahrung, wie wir gelesen haben, später bei Tag, als »goldenes Erlebnis«. Für die Wege des Lichts und seine zahllosen Seitenpfade gibt es keine geografische Karte.

Bücher, die in den Schlaf geleiten

Jahrelang hatte ich mich brav an die von mir selbst aufgestellte Maxime gehalten, zumindest als letztes Buch vor dem Einschlafen etwas positives Philosophisches, Mythisches, Mystisches oder sonst wie Spirituelles zu lesen. Doch eines Abends hörte ich mit dieser kostbaren Angewohnheit auf, durch die ich Ausläufer wertvoller Gedanken in meine Schlafreiche mitzunehmen pflegte. Und so hielt ich es auch am nächsten Abend und am übernächsten und so weiter. Bis mir die Augen zufielen, las ich in meinen weltlichen Lieblingen, etwa den Erzählungen von Antonio Tabucchi, in Vladimir Nabokovs Werken oder den dicken turbulenten Romanen von Saul Bellow. Nicht viel Zeit verstrich, dann wurde ich, der sonst nachts meist tief geschlafen hatte, jeweils morgens um vier Uhr »geweckt«.

Das war nicht unangenehm. Denn das, was die Ärzte bei Menschen mit einem gewissen Reifegrad liebenswürdig »senile Bettflucht« nennen, das nächtliche Aufstehen und Herumwandern und dabei vor Schlaflosigkeit erschlagen und zugleich rastlos sein, ist mir fremd. Ich liege gern im Bett, auch wach, auch nachts. Ich verharre dann in Gedankenstille, die im Gehirn keinen Unsinn aufkommen lässt, bin dankbar zu ruhen, unbehelligt vom Regen draußen, von der Kälte oder den sommerlichen Moskitos. Wenn mir das alles ein wenig zu lange dauert, beginne ich in einem bereitliegenden, mir gerade besonders kostbaren spirituellphilosophischen Buch zu lesen, das dadurch auf Umwegen nun doch noch vor einem Einschlafen in meine Hände kommt.

Einmal, während ich nächtliche Einsichten auf mein kleines, neben dem Bett liegendes Bandgerät sprach, klirrten in kurzen zeitlichen Abständen die Fensterscheiben meines Schlafzimmers. Das tun sie normalerweise nicht einmal, wenn ein Nordwind vom nahen Trasimener See über die Ebene orkanartig zu unserem Haus bläst. Da wusste ich, dass ich am Morgen wieder einen neuen Haarriss im Verputz der Zimmerwand finden würde und dass das Erdbeben, das seit Wochen nicht sehr entfernte gebirgige Gegenden meiner Wahlheimat Umbrien heimsuchte, noch nicht zu Ende war. Es war die Zeit, in der viele Menschen nachts die Außenlichter an ihren Häusern brennen ließen: ein unbewusstes Gleichsetzen von Licht mit Heil und Schutz.

Ob uns unser Weg zum inneren Licht weiterführt, darüber entscheidet, wie auf allen geistigen Wegen, der Verlauf des Duells zwischen Ego und höherem Selbst. Ohne zwei spezielle und so ungern geübte Verhaltensformen geht es jedoch nicht:

»Gelassenheit und Demut«, sagt Zeisel, »sind die besten Wegbereiter für transzendente Erfahrung; die selbstlose, vertrauensvolle Hinwendung zur inneren Führung und der Gleichmut, langwierige Entwicklungsprozesse in Geduld hinzunehmen.«

KAPITEL ZEHN

Sieben Farben verraten uns die leuchtenden Geheimnisse

Farben sind Geheimnisträger und Kinder des Lichts

Licht ist Farbe, auch dann, wenn diese Farben sich noch im hellen, »farblosen« Weiß verborgen halten. Farben sind Kinder des Lichts. Überall auf der Erde weiß oder ahnt man, dass jede Farbe nicht nur eine getönte Schwingung fürs Auge ist, sondern auch Geheimnisträgerin der in ihr verborgenen Symbole und Kräfte.

Eine Farbe hat Bedeutung, sie steht für etwas in den verborgenen Welten jenseits der Kulissen, hat einen geistigen Inhalt und eine Wirkung. Durch die Farbe kann die geistige Welt uns etwas mitteilen, und wir können diese Welt mithilfe der Farbe betreten. Und es hilft uns sehr bei unseren gezielten spirituellen Bemühungen, dass jede Farbe eben ihren besonderen Symbolwert hat. Das heißt, wir treten mit dem Gelb oder dem Grün oder dem Rot oder dem Blau nicht durch dasselbe Haupttor in undifferenziert wogende Weiten des Mikrokosmos oder des Makrokosmos ein. Jede Farbe ist ein Zugang zu einem ganz bestimmten Raum des geistigen Universums, und diese Räume liegen in vielen Stockwerken.

Jedoch ist die Tatsache des Symbolgehalts von Farben fast ihre einzige Gemeinsamkeit. In allen Himmelsgegenden unserer Erde, bei allen Völkern, in allen Ländern, bei allen Religionen und Geheimwissenschaften vermutet man hinter dem bunten Kleid einer bestimmten Farbe ein oft völlig unterschiedliches Geheimnis. Natürlich gibt es auch Schnittpunkte, so manche Übereinstimmungen der Bedeutung einer Farbe. Dann ist das, was die Farbe ausdrückt, für andere Deutungen zu unumstößlich und stark. Vielleicht beruht es aber auch auf dem, was man Zufall zu nennen beliebt.

Die sieben Farben des Regenbogens (in denen das Auge über siebenhundert Zwischenfärbungen unterscheiden könnte, wenn es dazu fähig wäre) entsprechen den sieben Hauptfarben Rot, Orange, Gelb, Grün, Hellblau, Dunkelblau, Violett, in die ein Prisma das helle weiße Sonnenlicht zerlegt. Von diesen sieben Farben lassen sich fast unter beliebigen Gesichtspunkten Beziehungen zu anderen Phänomenen der potenten Zahl Sieben herstellen: den sieben Himmeln, den sieben Haupttönen unserer Oktave, den sieben Wochentagen, den sieben sichtbaren Planeten der Alten, den sieben Weltwundern, den sieben Chakras und so weiter.

Sieben Farben gibt es in der erhabenen Höhe

Im *Sohar*, der alten hebräischen Lehre, die sich auch damit befasst, wie die göttliche Offenbarung zu den Menschen gelangt, heißt es: »Sieben Lichter gibt es in der erhabenen Höhe, und dort wohnt der Älteste der Alten, der Verborgenste der Verborgenen, der Geheimste der Geheimen, Aïn Soph.« Die sieben Lichter sind die sieben Farben, von denen jede einer Tugend entspricht. Nach Aïvanhov ist das Rot die Liebe, das Orange die Lebenskraft, das Gelb die Weisheit, das Grün die Evolution, das Blau die Wahrheit, das Indigo die Stärke, das Violett die spirituelle Liebe. »Aber man muss wissen, dass jede Verfehlung, die ein Mensch begeht, in ihm die Kraft vermindert, die einer dieser Farben entspricht.«

Um ein intuitives Gefühl und nicht nur ein verstandesmäßiges Wissen für das zu erwerben, was die Farben sind und in sich verbergen, benützt man am besten ein Prisma aus geschliffenem Glas, aus Kristall. Ich habe seit vielen Jahren vor dem Fenster meiner Balkontür eine facettenartig geschliffene Glaskugel hängen, die bei der leisesten vom Wind hervorgerufenen Bewegung und Drehung das weiße Sonnenlicht abwechselnd in eine der sieben Hauptfarben des Prismas und ihre Nuancen zerlegt. Je nach dem Sonneneinfall wirft sie zugleich alle sieben Prismenfarben als wandernde Wunder auf Wände und Decke meines Zimmers. Diskothekenbesucher werden diese Lichteffekte vielleicht bescheiden finden. Aber nur, wenn sie nicht in der Lage sind, ihre Wirkungen zu spüren.

Der Gehalt der von meinem Kugelprisma ausgestrahlten Farben richtet sich natürlich nach der Quelle des Lichts. Ich habe die Prismenkugel vor eine elektrische Lampe gehalten, vor die Flamme einer Kerze, ich habe mit ihr das Mondlicht eingefangen und zerteilt. Das Prisma funktioniert in jedem Fall, aber unterschiedlich wie die einzelnen Lichtquellen ist auch die Art und Qualität des Farbenlichts, seine »Atmosphäre«.

Vor allem beim Mondlicht und auch beim elektrischen Licht verstrahlt es eine fast unheimliche Kälte. Nichts ist mit den Farbstrahlen und Farbwundern zu vergleichen, die uns von der Sonne durch den Prismenkristall hindurch erreichen und erfüllen. So habe ich schnell damit aufgehört, mit anderen Lichtquellen als der Sonne zu arbeiten und zu meditieren. Nicht nur, dass diese anderen Lichtquellen in keiner Weise die Pracht und die Herrlichkeit der leuchtenden Sonnenenergie erreichten. Sie hatten auch gar keine oder eher eine eisige und negative Wirkung.

Auf der Regenbogenbrücke steigen die Götter herab

Eins der Wunder, die uns Menschen auf besondere Weise immer wieder ergreifen, ist das von den obersten Naturkräften in den Himmel gemalte Prisma, der Regenbogen. Er ist die Brücke, auf der Helden und Götter ins Jenseits schreiten oder zur Erde kommen. Die Japaner nennen ihn die »schwimmende Himmelsbrücke«. Die siebenfarbige Treppe, über die Buddha wieder vom Himmel herabsteigt, ist ein Regenbogen. Bei den Griechen galt der Regenbogen als Sprache der Götter. Er zeigte die Verbindung zwischen Himmel und Erde an und galt auch als Isis, die Götterbotin und weibliche Entsprechung des Hermes.

Der esoterische Islam sieht im Regenbogen das im Universum widergespiegelte Abbild der göttlichen Qualitäten, das »umgekehrte Bild der Sonne auf dem unbeständigen Schleier des Regens«. In allen Überlieferungen sieht man ihn als verbindende Brücke zwischen Himmel und Erde und meist als ein Vorzeichen glücklicher Ereignisse. Wie könnte etwas so Schönes wie ein Regenbogen auch ein Verkünder negativer Kräfte sein?

Die Farben, Kinder des weißen Lichts oder vielleicht noch besser des hellen Glanzes, sind nur Künder eines Teils dieses Glanzes und Lichts. Am Beispiel der Farbe Grün und der Pflanzen hat Rudolf Steiner versucht, das eigentliche Wesen der Farbe zu erklären. Als Exempel führte er die Ahnenbilder an. In seiner komplizierten Sprache scheint man sich zunächst zu verirren. Aber wenn man dem Sinn nachlauscht, kommt man dem Wesentlichen vielleicht doch näher als durch scheinbar präzise Erklärungen:

Nicht wahr, sie stehen in der Regel nicht da, die Ahnen; es sind nur die Bilder der Ahnen. Aber auch wenn wir das Grün der Pflanze sehen, so haben wir nicht das Wesen der Pflanze, geradeso wenig wie wir in den Ahnenbildern die Ahnen haben. Wir haben in dem Grün, das da vor uns auftritt, nur das Bild der Pflanze. Nun bedenken Sie einmal, dass die Grünheit eben der Pflanze eigentümlich ist, dass die Pflanze unter allen Wesen eben das eigentliche Wesen des Lebens ist. Das Grün ist von der Pflanze eben nur das Bild und nicht die geheime Essenz.

Die Farben der Wochentage, ihre Düfte und Gestirne

Über die verborgenen geistigen Zufahrts- und Verbindungswege im großen westlichen Mandala, dem Baum des Lebens, bekommt jeder Wochentag eine ihm gemäße Farbe. Wir können positive Kräfte des Tages auf uns ziehen, wenn wir die jeweilige Farbe in unserer Kleidung ansprechen und so auf symbolischem Weg eine Verwandtschaft mit ihr herstellen. Das mag ein Schal oder eine Krawatte in der Tagesfarbe sein, ein farbiges Kleidungsstück oder auch nur ein Einstecktuch, ein Ring mit dem entsprechend farbigen Stein.

Die folgende grafische Darstellung zeigt, welche Farbe die jeweiligen guten Energien des bestimmten Wochentages anspricht. Die den Farben zugeordneten Düfte sind hier ebenfalls genannt.

MONTAG	Violett	= Jasmin
DIENSTAG	Rot	= Tabak
MITTWOCH . .	Orange	= Harz des Styrax-Strauchs
DONNERSTAG .	Blau	= Zedernduft
FREITAG	Grün	= Rose
SAMSTAG	Indigo	= Lilie
SONNTAG	Gelb	= Weihrauch

Zur Vertiefung unseres Verständnisses zeigt die nächste Aufstellung, welche menschlichen Grundwerte in den einzelnen Farben verborgen liegen und welchen Planeten sie entsprechen.

ROT	Stärke, Mut	= Mars
ORANGE	Wissen, Heilen	= Merkur
GELB	Harmonie	= Sonne
GRÜN	Liebe	= Venus
BLAU	Großmut	= Jupiter
INDIGO	Intelligenz	= Saturn
VIOLETT	Magische Kräfte	= Mond

Die verborgenen Farben der vier Himmelsrichtungen

Seit jeher haben die Menschen geheime Verbindungslinien zwischen den Farben des Lichts und den Himmelsrichtungen vermutet. Friedrich Weinreb, chassidischer Herkunft und ahnungsvoller Vermittler alter jüdischer Quellen, berichtet in *Buchstaben des Lebens* über die Entsprechungen, welche der überlieferten alten Weisheit nach die Himmelsrichtungen im Farbspektrum haben (siehe auch unsere Abbildung):

Dem Norden ist mit der roten Farbe der Beginn des sichtbaren Spektrums zugeordnet. Die Farbenskala entwickelt sich im Uhrzeigersinn über Orange im Nordosten zur gelben Farbe im Osten. Dann aber übernimmt der Westen, der mit dem Osten die Zeitachse (im Sinne von Zukunft und Vergangenheit) bildet, die Führung der Entwicklung. Der Westen hat die blaue Farbe. In der Mitte, wo Vergangenheit und Zukunft sich berühren, entsteht als Mischung von Gelb und Blau das Grün. Nach dem Blauen nähert sich das Farbspektrum wieder dem Anfang im Norden, aber jetzt, wie bei einer Spirale, eine Ebene höher. Purpurblau und Purpurrot, wie das

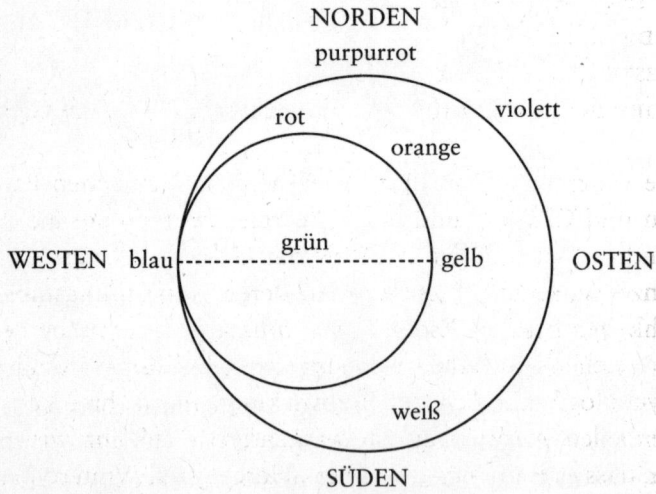

Violett, sind die letzten für uns sichtbaren Farben. Der ganzen südlichen Hälfte entspricht die weiße Farbe.

Bei den Indianern, den Mayas, den Azteken, den Inkas war Rot die Farbe des Ostens (das Land der Sonne). Das Blau oder auch das Weiß waren die Farben des Nordens (das Land der Kälte), das Schwarz war dem Westen (das Land des Schattens) zugeordnet, Gelb oder Weiß dem Süden (das Land der Hitze): Schon hier waren die Meinungen geteilt.

Bei den japanischen Shinto-Schulen galten Schwarz und Violett als die Farben des Nordens, Blau oder Grün waren dem Osten zugehörig, Rot war die Farbe des Südens, Weiß die des Westens. Die Farbe des Zentrums, der Sonne, war Gelb.

Wenn wir westlichen Überlieferungen folgen, erscheinen die Himmelsrichtungen dagegen in diesen Farben:

OSTEN .... Orange
SÜDEN .... Gelb
WESTEN .... Violett
NORDEN ...... vierfarbig aus Rot, Schwarz, Olivgrün, Gelb

Die Untersuchungen der Zusammenhänge zwischen Farben und Chakren und deren Energien würden ein mehrbändiges Werk füllen. Auf diesem Gebiet ist längst eine ganze Wissenschaft entstanden, deren Anwendungsmöglichkeiten über die Esoterik weit hinaus ins praktische Leben reichen. Auch die – wenn man so sagen darf – ordinäre Psychologie hat sich der Farbwirkungen und ihrer kommerziellen Auswertbarkeit bemächtigt. Dank ihr wissen wir, dass es Frühlings-, Sommer-, Herbst- und Wintertypen gibt und welche Lippenstifte, Make-ups, Haarfärbemittel und Kleiderfarben die jeweiligen Typen kaufen sollen, die sich der Realität zum Trotz fast ausschließlich aus Frauen zu rekrutieren scheinen.

Trotzdem ist daran sicher vieles richtig. Doch wird hier nur die Oberfläche des Wunders Farbe angekratzt, dessen Wirkungen so tief gehen, dass sie nicht einmal unbedingt vom Auge, das heißt vom direkten Sehen, abhängen müssen. Hierüber berichtet noch einmal Rudolf Steiner Erstaunliches:

Ein Blinder fühlt sich anders in einem Raum, der beleuchtet ist, als in einem Raum, der dunkel ist. Aber das ist so schwach, dass es der Blinde nicht wahrnimmt. Es ist für ihn eine so schwache Sache; es hat für ihn aber doch eine große Bedeutung, doch nimmt er es nicht wahr. Auch der Blinde könnte zum Beispiel nicht immer im Keller leben, da würde ihm das Licht fehlen. Und es ist ein Unterschied, ob man einen Blinden zum Beispiel in einen hellen Raum, der gelbe Fenster hat, bringt, oder ob man ihn in einen dunklen Raum oder meinetwillen auch in einen hellen Raum bringt, der blaue Fenster hat. Das wirkt ganz anders auf das Leben; die gelbe Farbe und die blaue Farbe, die wirken ganz anders auf das Leben ein.

Für die Mehrzahl der Menschen, das heißt für die normal Sehenden, gelten für die Farben die gleichen Kriterien wie für die Form: Die Masse erkennt an den Dingen die Form und die Farbe. Erst die weiter Fortgeschrittenen nehmen den Inhalt wahr, die Eingeweihten den Sinn.

KAPITEL ELF

Der Tod:
Ein Übergang im Lichterschein

Die Todesstunde – ein Licht am Ende des Tunnels

Von einer Frau oder einem Mann kann man poetisch sagen, sie oder er habe dann und dort das Licht der Welt erblickt. Die Chinesen glauben, dass jeder Mensch an zwei Orten geboren wurde. Der eine ist der Geburtsort, an dem man körperlich zur Welt kam. Am zweiten Ort wurde man geistig geboren. Es ist der Ort, für den man eine Vorliebe hat oder nach dem man sich ein Leben lang sehnt. Fallen der Geburtsort und der Ort (auch das Land) der Sehnsucht nicht zusammen – was so oft der Fall ist –, hat man das Licht der Welt am falschen Ort erblickt.

So wie das Eintreten in die materielle Welt den Beginn des Menschenlebens markiert, so leuchtet den Sterbenden und physisch Toten ein ganz anderes, immaterielles Licht an der Ausgangstür des Erdenlebens. Wer es durchquert hat, ist in die andere Wirklichkeit eingegangen.

Die Abenteuer des Todes, wenn auch nur die des Übergangs und der ersten Etappe, kennen wir mittlerweile aus zahlreichen Berichten von Menschen, die Minuten oder länger klinisch tot waren und danach ins Leben, »ins Licht der Welt« zurückgekehrt sind. Der Tote – darin stimmen diese Erfahrungsberichte zumeist überein – glaubt durch einen dunklen Tunnel zu schreiten und befindet sich dann außerhalb seines Körpers, wobei er trotzdem zusätzlich wahrnimmt, was um seinen Leichnam geschieht. Am anderen Ende der Röhre ist es hell, dort scheint »das Licht am Ende des Tunnels«.

In einem Licht von überirdischem Glanz begrüßen den Toten dort Wesen voll Harmonie und Liebe: die besten Freundinnen oder Freunde des vergangenen Lebens, geliebte Eltern und andere Verwandte, Lehrer aller Arten, Männer und Frauen, denen er sein Herz zugewendet und Gutes getan hat, womöglich ohne es sich hoch anzurechnen. Von der Düsterkeit des Todes, von der so gern gesprochen und geschrieben wird, ist in diesen Augenblicken der Liebe und des Lichts nichts zu bemerken.

Von der eben geschilderten Art des Übergangs findet sich in den zwei berühmtesten Totenbüchern der Weltreligionen, dem ägyptischen und dem tibetischen, merkwürdigerweise keine Spur. Obwohl der Eintritt in das Totenreich Thema zahlloser jahrtausendealter Darstellungen ägyptischer Kunst ist, kann man von einer Wiederbelebung jener Sterbe- und Totenriten und der Anschauungen in der modernen Esoterik nicht sprechen. Ganz anders verhält es sich mit dem erst um das zwölfte Jahrhundert nach mündlichen Überlieferungen aufgeschriebenen tibetischen Totenbuch.

Diese Schrift wird auch im Westen von der wachsenden Anhängerschaft des tibetischen Buddhismus ernsthaft studiert. Das hängt sicher nicht zuletzt mit den Sympathien zusammen, die das tapfere und lebensfrohe Volk Tibets in Europa und Amerika genießt. Diese Sympathien fallen als Antipathien auf die gnadenlosen chinesischen Eroberer zurück, was sich irgendwann einmal – nach dem Gesetz des Pendelschwungs – zu deren Schaden auf die materielle Welt auswirken wird. Die überzeugendsten Bekehrer zum tibetischen Buddhismus sind jedoch seine im Westen wirkenden Lamas und anderen geistigen Lehrer, deren anwendbare Weisheit, Menschlichkeit und Heiterkeit man selbst bei den gehobenen Vertretern anderer Religionen häufig vergebens sucht.

Die Chance des blitzartigen Augenblicks

In seinem Vorwort zu dem *Tibetischen Buch der Toten* schreibt Lama Anagarika Govinda:

Durch automatische Ausschaltung der Körperlichkeit und aller Wollungen und Hemmungen des Oberflächenbewusstseins gibt das Sterben uns augenscheinlich eine außergewöhnliche Gelegenheit, uns von der Herrschaft unserer Triebe und Verdunkelungen zu befreien und, wenn auch nur für einen blitzartigen Augenblick, das erlösende Licht zu erblicken. Wer diesen Augenblick festhalten und sich auf seiner Erkenntnishöhe halten kann, wird der Befreiung teilhaftig. Ein Absinken von diesem Niveau aber bedeutet eine mehr oder weniger starke Wiederverstrickung in den Kreislauf der Geburten. Nur diejenigen können von dem Impetus jenes Augenblicks Gebrauch machen, die sich darauf während ihres Lebens vorbereitet haben.

Das tibetische Buch der Toten

Mircea Eliade, einer der bedeutendsten Religionswissenschaftler, stellt diese Art der Zwischenzustände im dritten Band seiner *Geschichte der religiösen Ideen* auch westlichen Leserinnen und Lesern leicht zugänglich dar:

> Im Moment des Todes steigt die Seele der Heiligen und der Yogin aus dem Vorderhaupt wie ein Blitz auf und verschwindet in den »Rauchfängen des Himmels«. Beim gewöhnlichen Sterblichen öffnet der Lama eine Stelle am Kopf des Hinscheidenden, um den Wegflug der »Seele« zu erleichtern.
> In der letzten Sterbephase und einige Tage nach dem Tod liest ein Lama im Interesse des Verstorbenen das *Bardo Thödal* (das tibetische Totenbuch). Der Lama bereitet den Sterbenden oder den Verstorbenen darauf vor, dass er plötzlich durch ein blendendes Licht geweckt werden wird: Dies ist das Zusammentreffen mit seinem eigentlichen Ich, das zugleich die letzte Realität ist. Der Text befiehlt dem Toten: »Sei nicht furchtsam noch erschreckt, dies ist der Glanz deiner eigenen Natur.« Zugleich fährt der Text fort, dass die Donnerschläge und die anderen schrecklichen Phänomene »nicht in der Lage seien, dir zu schaden. Du kannst gar nicht sterben. Es genügt, wenn du erkennst, dass diese Erscheinungen Formen deiner eigenen Gedanken sind. Erkenne das als *Bardo*, als Zwischenzustand.«
> Da der Verstorbene aber durch sein Karma bestimmt wird, kann er diese Ratschläge nicht in die Tat umsetzen.

Obgleich er nach und nach die reinen Lichter erkennt, die die Befreiung, die Identifikation mit der Essenz des Buddha bedeuten, lässt sich der Verstorbene durch die unreinen Lichter anziehen, die eine Art Postexistenz (Nachexistenz) spiegeln, und kehrt, mit anderen Worten, auf die Erde zurück.

Jeder hat die Möglichkeit, die Befreiung im Augenblick des Todes zu erlangen. Es ist hinreichend, sich in dem klaren Licht, das er in diesem Moment erfährt, wieder zu erkennen. Die laute Lesung des Totenbuchs stellt einen letzten Appell dar. Immer aber entscheidet der Tote selbst über sein Schicksal. Er ist es, der den Willen dazu haben muss, das helle Licht zu wählen, und die Kraft, den Versuchungen einer späteren Existenz zu widerstehen. Mit anderen Worten: Der Tod stellt eine neue Möglichkeit dar, eingeweiht zu werden, diese Einweihung aber enthält wie jede andere eine Reihe von Prüfungen, die der Neophyt auf sich nehmen und bestehen muss. Die Erfahrung des Lichts post mortem (nach dem Tod) stellt die letzte und wahrscheinlich schwierigste Initiationsprüfung dar.

Das höhere Selbst flammt als Urlicht auf

- *Der erste Zwischenzustand* beim und nach dem Sterben, so das tibetische Buch der Toten, dauert bei den meisten Menschen nur kurz, er vergeht ihnen »wie ein Fingerschnalzen«, wie der Text sagt. Wer seinen Leidenschaften und Täuschungen gelebt hat, wird in diesem Zwischenzustand dahindämmern und das Urlicht nur kurz, schwach und undeutlich aufleuchten sehen. Seine Chance, im Urlicht seine eigene Geistnatur, wir möchten sagen, sein höheres Selbst wahrzunehmen, ist deshalb minimal.

Wer dagegen ein gutes Leben geführt und Lichtmeditationen praktiziert hat, wird im ersten Zwischenzustand das Aufleuchten als Urlicht erkennen, als die Geistnatur von allem, was hinter und über dem Erschaffenen schwebt.

Die eigene Geistnatur können auch wir Nichttibeter schon zu Lebzeiten in tiefer Meditation erkennen. Eine solche Meditation löst sich ja von allen Gedanken, allen Objekten. Ihre Kraft richtet sich auf unseren eigenen Mittelpunkt. Und dort, in unserem Zentrum, trifft sie diese Kraft der Geistnatur. Kraft, Ziel und Inhalt verschmelzen in eins.

Wer im ersten Zwischenzustand nach dem Tod das Urlicht – und das heißt auch, das wahre Wesen allen Seins der Welten – nicht begreift, dem gehen in den folgenden Tagen und Zwischenzuständen andere, farbige Lichter auf, so als ob sich das weiße Licht der Sonne durch ein Prisma in die Farben des Spektrums zerlegen würde. Die Tibeter nennen diese Farben die Pentade (das heißt die Fünfheit) Buddhas. Mit und in ihnen zeigen sich den Gestorbenen in den folgenden Zwischenzuständen Götter und Dämonen der tibetischen Himmels- und Höllenwelten. Wenn der Verstorbene eines dieser Lichter erkennt, das heißt begreift, ist er erlöst, sein Geist muss nicht mehr weiterziehen.

Mit diesen zum Teil Schrecken erregenden symbolischen Figuren der tibetischen Religion wollen wir uns hier nicht weiter beschäftigen. Wir würden sonst in uns fremde

Himmel und Unterwelten abdriften, die mit dem Thema unseres Buches wenig oder nichts zu tun haben. Begnügen wir uns also mit der Betrachtung der Farben, in die sich das helle Urlicht des ersten Zwischenzustands prismenartig auffächert.

- *Im zweiten Zwischenzustand* nimmt der Tote »Töne, Licht und Strahlen wahr, und Furcht, Schrecken und Entsetzen lähmen ihn. Er befindet sich nun im seligen Gefilde der Mitte«. Leuchtend und durchsichtig geht vor ihm ein gewaltiges *hellblaues Licht* auf. Dieses Licht ist die Urweisheit der Sphäre des Seins an sich. Blau ist die leuchtende Farbe des Ostens.

- *Im dritten Zwischenzustand* leuchtet dem Toten ein klares *gelbes Licht*, die Farbe des Südens. Sein Strahlen drückt die Urweisheit von der Gleichheit aller Phänomene aus.

- *Im vierten Zwischenzustand* sieht der Tote das sublimierte Element Feuer als *rotes Licht*. Zu ihm gehört die Himmelsgegend Westen.

- *Im fünften Zwischenzustand* erscheint dem Verstorbenen als sublimierte Form des Elements Luft das *grüne Licht*, das Licht des Nordens.

Die sechs Farbfallen der trügerischen Lichter

Mit dem Licht der Urweisheit, so lesen wir im tibetischen Totenbuch, wird der Verstorbene auch die trügerischen Lichterscheinungen der sechs Daseinsbereiche wahrnehmen:

Das weiße strahlenlose Licht der Götter, das rote strahlenlose Licht der Asura (der Dämonen), das blaue strahlenlose Licht der Menschen, das grüne strahlenlose Licht der Tiere, das gelbe strahlenlose Licht der Hungergeister und das rauchfarbene strahlenlose Licht der Höllenwesen. Diese sechs Arten von Licht leuchten jeweils gleichzeitig mit dem reinen Licht der Urweisheit …

Wenn du jedoch vor dem reinen Licht der Urweisheit Angst und zu dem Licht der sechs unreinen Lebensbereiche Zuneigung empfindest, dann musst du eine Verkörperung innerhalb dieser sechs Lebensbereiche annehmen, und du wirst wehklagen, weil die Zeit vertan ist, aus dem riesigen Ozean des Leidens, der Wanderwelt, dich zu befreien.

Und dann darf der Verstorbene eben nicht ins Nirwana eingehen, er kehrt den Vorstellungen der Tibeter zufolge in den leidvollen Daseinskreislauf zurück.

Für uns, die wir im Leben versucht haben, ein wenig im Licht zu leben, bedeutet der Aufstieg in die anderen Welten jenseits des Todes jedoch keinen Horrortrip. Auch eine Wiederkehr ins Leben, um unserem Karma zu genügen, ist für uns keine Schreckens- und Leidensvision. Mit dem vielleicht bescheidenen Licht zwischen unseren Augenbrauen und über unseren Scheiteln und in unserem höheren Selbst und unseren Seelen haben wir davor keine Angst.

KAPITEL ZWÖLF

Erlebnisse mit den Mysterien der Mondlichtkräfte

Hinter dem Licht des Mondes verbergen
sich unheimliche Kräfte

Als der Astronom Johannes Kepler (1571–1630) die für damalige Zeiten ungeheuerliche Behauptung aufstellte, dass Ebbe und Flut der Weltmeere von der Anziehungskraft des Mondes verursacht würden, nannte sein Kollege Galileo Galilei dies eine okkulte Wahnvorstellung, die den Naturgesetzen widerspreche.

Als die ersten amerikanischen Astronauten im Jahr 1969 auf dem Mond landeten und sich in ihren Raumanzügen auf seiner Oberfläche bewegten, nannten sie das, was sie sahen, eine öde Landschaft. Mit dem Mond konnten sie wenig anfangen. Das Licht und die ungeheuren Kräfte, die der Mond in die Ferne schickt, schienen in der Nähe, in der unmittelbaren Berührung mit ihm, nicht spürbar zu sein.

Gewiss, der Mond produziert sein Licht nicht selbst, sondern empfängt es von der Sonne. Was der Mond auf die Erde scheinen lässt, ist zwar auch Licht, aber mit dem Sonnenlicht und seiner Macht hat es nichts mehr gemein. Allerdings sollte man, wie ich in meinem Buch *Magische Kabbala* beschrieben habe, die Kraft des Mondes nicht unterschätzen:

Hinter dem weißen Mondlicht, das scheinbar kraftlos ist und keine Wärme spendet, verbergen sich ungeheure Kräfte. Nicht einmal die Sonne kann die Abermillionen Tonnen von Wasser in den Ozeanen so über tausende von Kilometern in Bewegung setzen und gigantisch aufeinander türmen, wie das der Mond mit seinen Gezeiten tut. Wissenschaftler haben gemessen, dass die Flüssigkeit, die man in eine Tasse füllt und stehen lässt, den Gezeiten des Mondes unterworfen ist und sich bewegt ...

Spirituell Arbeitende unterteilen meist nicht nur das Jahr, sondern auch die einen knappen Monat dauernden Umlaufzeiten des Mondes um die Erde. Tatsächlich herrschen bei zunehmendem Mondlicht andere Energien als zu Zeiten des abnehmenden Mondes. Man merkt das auf dem Land viel stärker als in der Großstadt. Trotzdem kann man als äußere Zeichen in der Stadt zum Beispiel recht gut erkennen, wie verrückt und hysterisch sich die Autofahrer kurz vor Vollmond benehmen, während viele Menschen ein, zwei Nächte vor Neumond beginnen, einen oder auch mehrere über den Durst zu trinken.

Wozu der Vollmond und sein Licht die Verliebten treiben kann, wissen viele zum Glück nur zu gut.

Wir alle schauen täglich in ein Mondsymbol

Für die ägyptischen Priester war der Mond ein Symbol des Glaubens. Denn der Glaube reflektiert die Wahrheiten, deren Strahlen ihn getroffen haben – genau wie der Mond das Licht zurückstrahlt, das er von der Sonne empfängt.

Daneben steht der Mond auch für das weibliche und passive Prinzip im Menschen, und für die Fastdunkelheit des Unbewussten. Da wundert es uns nicht, dass besonders der »schwarze Mond«, der Neumond, zum Sinnbild für das Unzugängliche im Menschen wurde. Der Mond wirkt heimlich auf die Tiefen des Unbewussten ein und symbolisiert dadurch die psychischen Kräfte, die sich der Kontrolle durch das Bewusstsein entziehen. Wir alle schauen mehrmals täglich, meist ohne uns dessen bewusst zu sein, in das verbreitetste Mondsymbol, in den Spiegel. Er schickt, wie der Mond, das Licht zurück – und auch nur dessen »Spiegel«.

Durch die Vergleiche mit den Nachtseiten, dem Unbewussten, dem Mond als das Licht der Sonne reflektierenden »Faulpelz« sind wir überrascht, wenn man uns den Mond plötzlich als ein Symbol des Verstandes vorführt. Aber wenn man uns im selben Atemzug die Sonne als Repräsentantin des Geistes darstellt, lässt sich das mit dem Mond als Verstandessymbol nicht einfach von der Hand weisen, nur weil es uns wegen unserer anderen Vorstellungen und Bilder unpassend erscheint.

In dem von Ernst Küry geschriebenen Nachwort zu René Guénons Buch *König der Welt* habe ich dazu das Folgende gelesen:

Es gibt über dem verstandesmäßigen Denken eine unmittelbare geistige Schau. Der Geist war nach dem Mittelalter bei uns in Vergessenheit geraten; immer mehr versuchte das Abendland, die Wahrheit durch den Verstand (ratio) zu ergründen. Das konnte zu keinem Ergebnis führen. Hier bleiben Subjekt und Objekt immer getrennt, sodass das Subjekt das Objekt nicht voll erfassen kann. Daher die Mühsal der Erkenntnistheorien. Nur bei geistiger Schau fallen Subjekt und Objekt zusammen. *Geist und Verstand* verhalten sich wie *Sonne und Mond*; das verstandesmäßige Denken lebt vom Licht des Geistes. Wie die von der Sonne abgewandte Seite des Mondes ist es finster und tot, wenn es sich vom Geist abkehrt.

Der Mond sowohl als Sinnbild des Unbewussten als auch des Verstandes – das klingt tatsächlich paradox und ist es wohl auch. Aber das Verschmelzen von Paradoxen zu einer höheren Einheit, schlicht gesagt die Vereinigung von Gegensätzen, ist ein Pflichtfach in den oberen Klassen der Spiritualität. Wer die Füße vom Boden bekommen will, um näher zum Licht zu gelangen, muss aus dem eine Einheit machen, was sich diametral widerspricht – so paradox das klingt.

Was macht der Mond wirklich mit dem Sonnenlicht?

Jeder weiß, dass der Mond das Sonnenlicht reflektiert, aber keiner kennt eine genaue Antwort auf diese Frage: Macht der Mond vielleicht etwas mit dem Licht der Sonne, ehe er es weiter auf die Erde wirft? Niemand kann leugnen, dass das Mondlicht ein Licht ganz spezieller Art ist, völlig verschieden von dem seiner Quelle, der Sonne, und auch von dem aller anderen Gestirne. Wenn es wirklich nur gespiegeltes Sonnenlicht wäre, woher kämen dann seine Einflüsse tiefer und meist geheimnisvoller Art, nicht nur auf die Meere, sondern auch auf die Menschen und die ganze andere Natur?

Viele Gartenbücher, manche Gesundheitsratgeber und Bauernkalender sind voll von dem, was man bei zu- oder bei abnehmendem Mond tun oder lassen soll. Auch in der Astrologie spielt der Mond für einen Himmelskörper, der nur mit geborgtem Licht leuchtet, eine große Rolle. Hindus hüten sich, Fremden zu verraten, bei welcher Mondkonstellation sie geboren wurden, weil sonst der andere sofort wüsste, mit wem er es zu tun hat.

So, wie wir gelernt haben, die Sonne als »kosmische Riesenturbine« zu benutzen, um unser inneres Licht heller leuchten zu lassen, so können wir auch das Mondlicht auf uns und in uns ziehen, um unsere drei Kardinaltugenden weiter zu stärken. Sie sind schließlich die Fundamente, auf denen wir das Gebäude unseres jetzigen und jeden Lebens errichten müssen. Dieses Gebäude kann übrigens – um das auch einmal zu sagen – wunderbar sein, ohne dass ständig spirituelle Düfte seine Räume durchziehen. Hauptziel unseres Lebens ist es nicht, ein heiliger, sondern ein guter Mensch zu sein, der im Licht der Harmonie mit allem lebt, auch mit sich selbst.

Die magische Anrufung der guten Mondlichtkräfte

Gleich vielen echten magischen Handlungen, Anrufungen, ist unsere magische Arbeit mit dem Mondlicht, die wir nun praktizieren wollen, von der Prozedur her simpel. Wir benötigen dazu weder die Asche eines über Wacholderholzglut verbrannten Rattenschwanzes noch die Überreste einer bei Neumond mit einer selbst geschnitzten Holzschaufel ausgegrabenen Nierswurzwurzel oder ähnliche

Zutaten. Bei zunehmendem Mond treten wir einfach abends oder nachts ins Freie, heben die Arme so hoch, dass beide nach oben weisenden Handflächen das herabrieselnde Mondlicht aufnehmen, und sprechen:

»Wie der Mond am Himmel zunimmt, sollen auch meine Stärke, meine Liebe und meine Weisheit wachsen, damit ich das werde, was ich sein soll.«

Auch bei abnehmendem Mond heben wir im Freien Arme und Hände wie beschrieben. Dabei sagen wir:

»Wie der Mond am Himmel abnimmt, sollen auch meine Schwächen, mein Mangel an Liebe und an Einsicht schwinden, damit ich das werde, was ich sein soll.«

Ich habe die Ansicht gelesen, dass diese Übung in den ersten Tagen des zunehmenden beziehungsweise den letzten Tagen des abnehmenden Mondes besonders wirksam sei. Obwohl es vom Verstand her nachzuvollziehen ist, kann ich das nicht bestätigen. Meinen Erfahrungen nach wirkt auch diese Übung in den letzten Nächten vor Vollmond, bei Vollmond und in den ersten Nächten danach am stärksten und dauerhaftesten. Doch kann das individuell verschieden sein. Am besten probieren die Leserin und der Leser es selbst aus.

Gerade bei dieser Anrufung scheint man die Wirkung schnell, ja augenblicklich zu spüren, auch wenn ihre Langzeitwirkung natürlich immer wieder von den Zwischenfällen des Lebens unterbrochen wird.

Mein Abenteuer in der Nacht, als sich der Mond verfinsterte

Nach so vielen Griffen in die Erfahrungskisten und Weisheitstruhen anderer möchte ich nun eine eigene Begegnung mit dem Licht des Mondes etwas ausführlicher schildern. Das Abenteuer – und für mich war es tatsächlich ein unerwartetes und nie zuvor erlebtes Abenteuer – kam zu mir am Abend des 17. September 1997, für den eine totale Mondfinsternis angesagt war. Obwohl dieses Erlebnis nun schon Jahre zurückliegt, durchzieht mich das, was ich damals fühlte, noch heute, wenn ich mich dem Mond und seinem Licht zuwende.

Erwartungsvoll hatte ich mich auf der Terrasse der kleinen Wohnung über dem Meer installiert, wo ich seit vielen Jahren bei dem südfranzösischen Ort St. Aygulf ein paar Herbstwochen in ziemlicher Zurückgezogenheit verbringe. Vor mir lag in einigen Kilometern Entfernung eine dunkle Wand über dem offenen Meer, die sich mit einem pfeilgerade horizontalen Strich vom unteren Teil des klaren, sternenbesetzten Himmels abgrenzte. In diese Dunstwand hinein war der Vollmond schon vor einiger Zeit aufgegangen. Den Rest seines noch nicht vom Erdschatten verdeckten hellen Teils sah ich nur trüb und ohne die bekannten Höhen und Schrunden, wie durch ein Milchglas. Ich fasste mich in Geduld und wartete und beobachtete, wie der Mond lautlos langsam auf die schmale Zypresse zuschwamm, die rechts von meiner Terrasse wie ein schwarzer Riesenfinger ins Firmament hochstach.

Dann plötzlich hatte er sich mit einer Geschwindigkeit,

die wir von der ersten sichtbaren Phase des Sonnenaufgangs her kennen, aus dem Dunst freigeflogen. Unsere Erde hatte sich nun ganz zwischen Sonne und Mond geschoben. Aber das machte ihn nicht unsichtbar, sondern tauchte ihn nur in etwas Geheimnisvolles. Jetzt war er nicht mehr hellweiß, sondern waberte förmlich in einem dämmerigen Orange, das schon ein wenig melonenfarben war. Während man den Mond sonst, in seinen weißen Nächten, nur als kalt gleißende Scheibe sah, wenn auch von Schroffen durchfurcht, hing er nun plastisch am Himmel, die vollkommene Kugel. Obwohl er in seiner orangenen Couleur vom Farbwert her viel wärmer war als sonst in seiner oft geradezu schrillen Weiße, ging auch diesmal eine unheimliche Einsamkeit von ihm aus.

Ich beobachtete den Mond eine Weile, wie er über die himmlischen Höhen auf den schwarzen Zypressenfinger zukroch. Auf einmal wollte ich kein träger Beobachter mehr sein. Ich war bereit, das schon lange in mir aufwachsende, fast körperlich spürbare ziehende Gefühl wahrzunehmen, dem ich nun nachgab. So zog es mich hinein in eine geistige Improvisation.

Ich sprang auf, hob die Arme zum Himmel und rief dreimal: »Ehejeh (Ich bin)! Ehejeh! Ehejeh!« Dann setzte ich mich wieder. Der kabbalistische Baum des Lebens besteht aus zehn Sphären, zehn verschiedenen Kraftquellen unerkennbaren göttlichen Ursprungs, von denen jede einen ganz bestimmten Teil des Universums bewegt, regiert, ordnet, beherrscht. Jeder Sphäre ist ein Planet unseres Sonnensystems zugeordnet. Zur neunten Sphäre, einer Durchgangsstation zu unserer materiellen Erdenwelt, gehört der Mond.

Und so saß ich da und sah hinauf zu der einsamen orangefarbenen Kugel und rief, ohne zu wissen, warum ich es tat, neunmal hintereinander den Namen dieser neunten Sphäre: »Yesod!«

Die Wirkung schien fast unmittelbar einzutreten. Plötzlich hatte ich das Gefühl, auf dem Mond oder im Mond würde eine ungeheure Kraftstation angeworfen. Fast gleichzeitig entströmten ihm helle Schwaden, die sich wie ein trichterförmiger Spiralnebel drehend auf mich zubewegten. In ihren Drehbewegungen entschwand der Mond rasch wechselnd teilweise oder fast völlig meinen Augen, um in der nächsten Sekunde wieder ganz aufzutauchen. Was ist Zeit? In nicht einer Minute schienen mich die kreisenden Schwaden zu erreichen, ohne mich einzuhüllen. Ein Gefühl, wie wir es von den kleinen Ekstasen des Lebens her kennen, huschte über mich hinweg und verschwand irgendwo in meinem Inneren. Dann war schon alles vorbei.

Schwadenlos und matt orangefarben und einmalig plastisch hing der Mond am Himmel. Zum ersten Mal an diesem Abend fiel mir auf, dass sich die Sterne weit von ihm zurückgezogen zu haben schienen, während das von ihm entferntere Firmament nur so von ihnen blitzte und schimmerte.

Ich saß da und schloss die Möglichkeit nicht aus, einer aufregenden Sinnestäuschung erlegen zu sein. Die meisten Wunder ereignen sich ja nicht durch eine Ausschaltung von bekannten Naturgesetzen. Sie treten auf unter dem Deckmantel der so genannten Realität: Ein Freund, der vor langem nach Südamerika ausgewandert ist und an den wir gestern nach Jahren zum ersten Mal wieder gedacht haben, sitzt plötzlich im Theater eine Reihe vor uns; ein Buch, das wir gedankenlos aus dem Regal ziehen und irgendwo aufschlagen, gibt uns Antwort auf eine dringende und scheinbar unbeantwortbare Frage. Obwohl ein Freund der Wunder, bin ich eher misstrauisch gegenüber Leuten, die sich täglich direkt mit dem lieben Gott unterhalten, von anderen Sternen Besuch wunderschöner Frauen oder Männer bekommen oder denen der Erzengel Michael rät, wo sie den besten Salat einkaufen können. So beschloss ich, es noch einmal zu versuchen. Ich wiederholte die Anrufung: »Yesod!«

Wieder glaubte ich zu spüren, im Mond würde eine Kraftstation angeworfen. Wieder stieß der Mond weiße Schwaden aus, die wie ein trichterförmiger Spiralnebel auf mich zukreiselten, ihn teils oder ganz verbargen, mich erreichten und in eine kleine Ekstase hüllten. Wieder war alles nach einer Minute vorbei.

Ich probierte es noch ein drittes Mal, und als sich nichts an den Eindrücken und Erscheinungen änderte, die ich zu sehen und zu fühlen glaubte, bemühte ich die Anrufung und den Mond nicht noch einmal. Allmählich wurde der Rand des Mondes weiß, so wie ich ihn kannte, der Rand wurde breiter, schob sich voran, hatte bald die Hälfte des Mondes erreicht. Die Berge und Täler tauchten auf, die geheimnisvolle Kugel verflachte sich, kehrte zur rätselfrei wirkenden Zweidimensionalität, in die Erscheinungswelt zurück.

Aber Zeichen wie dieses erlöschen nicht. Sie fügen sich in unserer inneren Welt zu anderen leuchtenden Zeichen, schon erhaltenen und kommenden, bis wir eines Tages die ganze Schrift des Lichts erkennen können, die in uns und überall erstrahlt.

Zum Geleit

Die Leserin und der Leser, die auf den vielfach vernetzten Wegen dieses Buches hier angelangt sind, müssen sich nicht den Vorwurf gefallen lassen, statt nach dem Licht zu suchen, vagabundiert zu haben. Bei unserem Bemühen, das Leuchten in uns zu entzünden, haben wir Sonne, Mond und Sterne angezapft und die hellen und die farbigen Quellen des Himmels und unserer Erde aufgespürt. Dabei haben wir immer wieder und immer mehr erkannt, dass es nicht genügt, sich das Licht der Außenwelt, sei es auch der großen kosmischen, hereinzuziehen.

Diese Bemühungen und Übungen, in den kosmischen Lichtströmen und denen der Natur zu baden, um selbst Licht zu werden, sind hilfreich, unerlässlich, aber nicht genug. Wir müssen allmählich eine jenseits des Denkens liegende Vorstellung von der Allgegenwart des Lichts gewinnen, die uns überall und jederzeit begleitet.

Dann wird es uns auch gelingen, unseren Alltag »ins rechte Licht zu rücken«. Eine Empfindung genügt oft schon, um alles zu verwandeln: den kommenden Tag, den wir beim Aufstehen als ein Lichtereignis erwarten; unser

Essen, mit dem wir umgewandeltes Licht in uns aufnehmen; die Freundinnen, Freunde und üblicherweise uns gleichgültigen Menschen, die für uns erblühen, wenn wir sie in Licht hüllen; unsere ganze Umgebung, die Welten des Menschen und der Natur und der Kunst, die wir mit den Augen der Liebe, das heißt voller Licht betrachten.

Auf diese Weise werden uns, gleichwertig mit einer spektakulären Erleuchtung, Einsichten in Zusammenhänge gewährt, die wir weder durch Kenntnisse allein noch durch das Mittel des analytischen Denkens gewonnen hätten. Und alles, auch jede Situation, bekommt diesen uns früher nur manchmal in Ahnungen geschenkten Schimmer, das Markenzeichen des Lichts, in dem wir – eigentlich – alle schwimmen.

Die wahre Erleuchtung, und mag sie auch alles andere als brillant daherkommen, ändert unsere Lebenshaltung auf das glücklichste, und unsere innere, auf das Fortdauernde aufgebaute Konsistenz. Harmonie und Heiterkeit, das alte griechische Ideal, nach denen sich die Menschen von heute im Grund ihrer dunkel gewordenen Herzen mehr als je sehnen, fließen in uns ein. Wie sagte doch Paul Brunton? »Der Vertraute des Lichts sieht die Landschaften des Lebens aus der Vogelschau.« Nun erkennen wir die Dinge, die Menschen, die Welt diesseits und jenseits der Kulissen und uns selbst im Licht.

Literaturverzeichnis

Die folgenden Werke und ihre Autoren haben mich beim Abfassen des Buchs *In den Welten des Lichts* begleitet. Die Titel der Bücher, die sich – teilweise oder ganz – mit dem Licht beschäftigen, sind fett gedruckt.

Aïvanhov, Omraam Mikhaël: *La lumière, esprit vivant*, Prosveta, Fréjus 1989

ders.: *La nouvelle terre*, Œuvres complètes Tome XIII, Prosveta, Fréjus 1981

Baudelaire, Charles (Hrsg. Friedhelm Kemp): *Mein entblößtes Herz*, Desch, München 1946

Bonin, Werner F.: *Lexikon der Parapsychologie*, Scherz, Bern 1976

Brunton, Paul: *Vom Ich zum Überselbst*, Aquamarin, Grafing 1992

ders.: *Das Selbst und die Unendlichkeit*, Aquamarin, Grafing 1991

Butler, Walter E.: *Die Aura sehen und deuten*, Sphinx, Basel 1988

Calvino, Italo: *Palomar*, Einaudi, Turin 1983

Chevalier, Jean, und Gheerbrant, Alain: *Dictionnaire des Symboles*, Editions Laffont et Jupiter, Paris 1969

Comte de Lautréamont (alias Isidore Ducasse): *Les Chants de Maldoror*, Gallimard, Paris 1973

Dargyay, Eva und Gesche (Hrsg.): *Das tibetische Buch der Toten*, Barth, Bern 1977

Davidson, Gustav: *A Dictionary of Angels*, The Free Press, New York 1971

Durrell, Lawrence: *Schwarze Oliven, Korfu*, Rowohlt, Hamburg 1963

ders.: *Monsieur*, Rowohlt, Hamburg 1977

Eliade, Mircea: *Geschichte der religiösen Ideen*, Band 3, Herder, Freiburg 1979

Gaïl, Rolph: *Magische Kabbala*, Knaur, München 1995

ders.: *Himmelsmusiken*, Knaur, München 1998

Guénon, René: *Der König der Welt*, Aurum, Freiburg 1987

ders.: *Stufen des Seins*, Aurum, Freiburg 1987

Huxley, Aldous: *Die Pforten der Wahrnehmung*, Piper, München 1954

Jung, C. G.: *Erinnerungen, Träume, Gedanken*, Walter, Olten 1971

Jünger, Ernst: *Besuch auf Godenholm*, Klett, Stuttgart 1952

ders.: *Zwei Mal Halley*, Klett, Stuttgart 1987

Kapleau, Philip: *Die drei Pfeiler des Zen*, Barth, Bern 1981

Kästner, Erhart: *Zeltbuch von Tumilad*, Fischer, Frankfurt 1956

Koestler, Arthur: *Die Armut der Psychologie*, Scherz, Bern 1980

Lavatori, Renzo: *Gli Angeli*, Newton, Rom 1996

Miers, Horst E.: *Lexikon des Geheimwissens*, Goldmann, München 1986

Musil, Robert: *Der Mann ohne Eigenschaften*, Rowohlt, Hamburg 1978

Okakura, Kakuzu: *Das Buch vom Tee*, Insel, Leipzig 1930

Proust, Marcel: *Auf der Suche nach der verlorenen Zeit*, Suhrkamp, Frankfurt/M. 1976

Pessoa, Fernando: *Pagine Esoteriche* (aus dem Portugiesischen), Adelphi, Mailand 1997

Schmidt, K. O.: *Meister Eckeharts Weg zum kosmischen Bewusstsein*, Drei Eichen, Engelberg 1969

Schuré, Eduard: *Die großen Eingeweihten*, Barth, Bern 1979

Seneca: *Vom glückseligen Leben*, Kröner, Stuttgart 1978

Steindl-Rast, David: *Fülle und Nichts*, Goldmann, München 1985

Steiner, Rudolf: *Das Wesen der Farben*, Steiner Verlag, Dornach 1991

SUJJA SU'A'NO-TA: *Schamanische Magie im Alltag* (Werkmappe), Edition Magus, Unkel 1985

Weidelener, Herman: *Abendländische Meditationen*, Goldmann, München 1986

Weinreb, Friedrich: *Buchstaben des Lebens*, Herder, Freiburg 1979

Zeisel, Johannes: *Entschleierte Mystik*, Bauer, Freiburg 1984